Thomas Weiß, 1961 in Karlsruhe geboren, studierte Theologie in Bielefeld und Heidelberg, Pfarrer und Erwachsenenbildner in der badischen evangelischen Landeskirche. Thomas Weiß ist u.a. Mitglied im deutschen PEN.

Sein bisheriges literarisches Werk erschien v. a. bei Klöpfer & Meyer, zuletzt 2016, mit großer Resonanz: *Oberlin, Waldersbach. Eine Begegnung.* Und zusammen mit Karl-Josef Kuschel brachte er 2017 Johann Peter Hebels gerühmte *Biblische Geschichten* neu heraus.

Thomas Weiß

Theuerste Freundin!

Frauen um Johann
Peter Hebel

KRÖNER EDITION KLÖPFER

Thomas Weiß
Theuerste Freundin!
Frauen um Johann Peter Hebel

1. Auflage
in der Edition Klöpfer
Stuttgart, Kröner 2023
ISBN: 978-3-520-77005-9

Umschlaggestaltung Denis Krnjaić
unter Verwendung von:
Johann Peter Hebel und die Markgräflerin Vreneli, um 1814

© 2023 Alfred Kröner Verlag Stuttgart · Alle Rechte vorbehalten · Printed in Germany
Gesamtherstellung: Friedrich Pustet Regensburg

Den teuersten Freundinnen und Freunden

ecclesia dell'arte

Es gruset eim.

Ursula Hebel

Es müsste still sein. Die ganze Welt, der Tag, die Stunde, Wald, Feld, Fluss, Straße müssten still sein und erstarren. So dass sich nichts mehr bewegt, kein Geräusch mehr zu hören ist, kein Rauschen, Klappern, kein Wort, Gesang, kein Hauchen vom Wind. Es müsste still sein. Aber *nüt stoht still*.

Die Wiese, der vertraute Fluss im Tal, rauscht, wie sie es immer tat, macht ihren Weg, um die Steine, die geschliffenen Felsen herum, nach dem heißen Sommer führt sie nicht sehr viel Wasser; die hurtigen, gewandten Forellen springen und klatschen auf die unruhige Fläche. Im Gras summen die Käfer, die Bienen, es ist ein fast heiteres Gesause und Gezirpe. *D'Vögeli pfife* und *d'Holzaxt tönet im Buechwald*. Irgendwo rufen arbeitsame Leute auf den Feldern, es ist Erntezeit, schöne Zeit, reiche Zeit hier im Oberland, und Kinder lachen in der Ferne, eine boshafte Stimme schimpft, das gehört dazu, die stört sonst nicht. Die Ochsen im Gespann, die nächsten Zeugen unter den Tieren, die Mitwisser des Unaussprechlichen, der *Laubi,* der *Merz,* brummen und sind unruhig, scharren im Kummet, die Deichsel krächzt – und der Kutscher, Gevatter Jakob, der Halt gemacht hat auf Hebels erschrockenen Ruf hin, wendet sich um auf dem Kutschbock und fragt viel zu laut: *Isch's dr Ernst?* – er wäre gerne weitergeeilt und wollte die Tiere antreiben.

Ernst ist es, aber nicht still. Es müsste still sein.

Muetter? Er muss es geschrien haben, der schrille Ton liegt ihm noch auf der Zunge, ein harter Nachklang im Ohr. Er muss es geschrien haben, darum hat der Jakob die Zügel angezogen – *Hüst* – und sich jäh umgedreht, dem Kasten zu, in dem Johann Peter mit seiner Mutter sitzt. Auf zwei Reisekoffern, kaum ist Platz im Wagen, drei, vier Taschen liegen noch herum, unachtsam auf die Ladefläche geworfen, wie es sonst Ursula Hebels Art nicht ist, aber heute gab's kein Vertun, heute war Eile geboten, um nach Haus zu kommen, rasch über die Grenze. Es ist ein gewohnter Weg, über eine der Basler Rheinbrücken, hinüber nach Riehen durch die Auen, zwischen Gärten und gepflegten Rasenflächen, dann an der Wiese entlang, immer der Wiese nach, die in entgegengesetzter Richtung zum Rhein zieht – *siehsch dört 's Stettenr Wirtshus?* Lörrach vermeidend, um nicht in der Stadt aufgehalten zu werden, treibt Jakob die Ochsen samt Kasten auf Brombach zu, in aller Eile, den Zugtieren tut's nicht gut, ihre Arbeit ohne Rast zu verrichten. Und plötzlich schreit das Peter, dass Jakob erschrickt und fast vom Kutschbock fällt.

Isch's dr Ernst? Sie liegt in seinen Armen, die schmal gewordene Frau, sie regt sich nicht mehr, hustet nicht mehr, atmet nicht mehr. Eben hat er noch ein Wort gehört von ihr, leise, schwach, ersterbend hingesagt, als gäbe es keinen mehr, der es hören sollte – aber es war sein Name. Peterle?

Ein paar Monate schon hat er's nicht gern, wenn sie ihn so nennt. Peterle. Er ist kein Kind mehr. Vielleicht noch kein Mann, das weiß er nicht genau. Jedenfalls kein *Chind,* das noch am Bändel geht, über das entschieden wird, von der Mutter, dem Vater, den er nicht hat, der Herrschaft, von den Verwandten droben in Hausen. Jetzt wär er's gerne, das Kind, in ihren Armen, an ihrem *Muetterherz,* jetzt tauschte er gerne: nicht sie an seine Brust gelehnt, so reglos, so leblos, nein, er an ihrem Busen, er, klein und bedürftig – und er würde sich auf sie verlassen können, sie wäre für ihn da, warm, nach Rosmarin duftend, nach frischem Brot oder feuchter Erde, lebendig. Oft, wenn er krank gewesen war als Kind, hatte sie ihn zu sich genommen, ins schmale Gesindebett in Basel oder in Hausen auf die alte Ofenbank, hatte ihn gewiegt und eine Geschichte erzählt, flüsternd, meist aus der Bibel eine, irgendeine. Auch wenn er sie nicht verstand, das Wispern der Mutter nicht und nicht das biblische Märchen, sie selbst war sich gewiss: Das Wort allein würde es schon richten, die Schrift würde heilen, ob er sie begriff oder nicht.

Peterle?

Muetter?

Nach ihrer Frage kam sein Schrei. Ob sie sich vergewissern wollte, dass er noch da sei? Ob sie sich entschuldigte, dass sie sich nun davonmachte und ihn zurücklassen musste? Ob sie ihn um Hilfe anflehte, darum, dass er sie halten möge, festhalten, in diesem Leben, festhalten, hier, an dieser Schleife der Wiese, damit sie nicht fortflösse mit den dürftigen Wogen des Flusses in der Tageshitze? Aber wie hätte das Peterle sie halten sollen?

Muetter? Nein, er kann sie nicht halten. Sie liegt in seinen Armen, recht starken Armen für einen Jungen seines Alters, kräftig von der Arbeit im Hausener Eisenwerk, am Schmelzofen, für ein willkommenes Zubrot, und vom Lungern in der Stadt, für die es Witz und Arme braucht in den Straßen, den schmalen Gassen, an der Friedhofsmauer, und von der Hilfe im Haus bei der Herrschaft: Holz tragen oder Wasser, Unrat verwerfen. Geübt wie er ist, kann er sie doch nicht halten, diesmal nicht, wo er ihr doch sonst oft hilfreich zur Seite steht, beim Einkauf auf den Märkten, nachgerade bei den Wanderungen von Basel nach Hausen, wenn's auf den

Winter zuging, und dem Weg zurück im Frühling. Da gab es zu tragen, ganz gewiss. Und Johann Peter murrte nicht, lud sich das Bündel auf und ging vor, die Mutter nahm's mit einem Lächeln an.

Jetzt verzieht sie keine Miene mehr. Dabei weiß ihr Gesicht zu sprechen. War sie zornig, musste keiner lange raten, die schmalen Augen, die harten Lippen sprachen es aus; hatte einer sie enttäuscht, lag ein Weinen um ihren Blick; und war sie in Sorge, so stand's auf der Stirne geschrieben, in großen, geschwungenen Lettern, die sich tief eingruben. Johann Peter verstand dies alles, ohne Worte, und er liebte es, wenn sie lachte, denn sie lachte hell und frei und ohne Schranken, so, wie die Wiese im Frühjahr mächtig und frei werden konnte, beachtlich und groß, wenn *Feldbergs liebligi Tochter* sich am Schneetau satt trank und mit Macht ins Tal floss, dem Rhein zu. So konnte sie lachen – doch sie tat es nicht oft. Dann aber war er glücklich mit ihr. Und würde es nie wieder sein.

Muetter? Im Schrei, in der Frage liegt so viel Bangen wie Gewissheit. Ist sie gegangen? Sie ist fort!

Sie ist nicht mehr – von einem Atemzug auf den nächsten, von einem Hauch zu dem, der ausbleibt. Als sie gestern nach Hausen schickten, dass irgendeiner kommen solle, wer immer Zeit und einen Karren, eine Kutsche habe, sie abzuholen, da war ihnen noch nicht bewusst, wie ernst es um sie stand. Auch die Herrschaft sah es nicht, die sie gehen ließ, aus Zuneigung mehr denn aus Überzeugung. Wenn Ihr denkt, zuhause kann Euch besser geholfen werden, sagte die wohlgesonnene Iselin, so geht, aber gebt uns rasch Bescheid, wie es steht, sobald Ihr Arzt und Pflege habt!

Seit Wochen hustete Ursula Hebel vor sich hin, sie maß dem keine Bedeutung zu, es war doch nicht das erste Mal – und husteten nicht alle irgendwann und oft? Vom feuchten

Holz im Kamin, von der Kälte in den Kammern, dem zugigen Wind auf den Wegen, in den Straßen, vom Schweiß des Tages, der kalt wurde gegen Abend zu, vom dumpfen Hauch aus den Schloten und über den Kehrrichthäufen und weil der Leib abhusten mochte, was auf der Seele lastete und die Brust eng machte. Sie hustete. Und als der Husten nicht fortging und die Lunge zu brennen begann – machte sie sich noch keine Sorgen. Hatte nur das Gefühl, zuhause, im Wiesental, würde sie sich besser erholen können. Dort würde sie freier atmen, die Luft dort war reiner, kühler. Zuträglich, wenn die Brust schmerzte. Und weil die Herrschaft, weil Iselins sie liebten und schätzten, ließen sie sie gerne ziehen. Seit vielen Jahren kannten sie einander, waren sich Herrschaft und Bedienung rechtschaffen treu. Sollte sie gesunden, die Ursel Hebelin – Iselins wussten, was sie an ihr hatten. Auch dem Peterle waren sie zugeneigt; sie förderten seine fromme Erziehung und schulische Bildung mit Fleiß.

Muetter? Niemand konnte damit rechnen, dass die Strecke zwischen Basel und Hausen ihr letzter Weg sein würde, dass sie an dieser Biegung der Wiese bald hinter Brombach ihr Leben aushauchen sollte.

Hebel hält sie. Und sie ist doch nicht mehr da.

Tatsächlich hat sie sich in Basel für die Reise noch das gute Kleid angezogen, das dunkelblaue mit den feinen weißen Blüten, das Peter an ihr mochte, denn es war oft die Sonntagstracht gewesen, die sie trug, wenn sie in die Kirche gingen und danach der Tag frei war von aller Pflicht und allen Obliegenheiten. Die, die sonst aufmerksam war und eilfertig, schlenderte dann mit ihm noch etwas am Rhein entlang, dem Münster zu, oder durch das Spalentor hinaus vor die Stadt ins Weite, Grüne. Johann Peter liebte diese Gänge, auf denen er mit ihr allein war, auf denen ihr Herz und

ihr Sinnen nur ihm gehörten – ohne dass noch eine Arbeit
zu erledigen war, eine Aufgabe, die die Herrschaft ihm oder
ihr aufgetragen hatte, und vor allem: ohne dass sie irgendwelche Lebenslehren und Anstandsregeln für ihn hatte – wie er
sich zu kleiden habe, in der Schule, in der Gasse, alltags und
sonntags, und dass er auch artig die Kappe lupfe, wenn auf
der Straße Honoratioren entgegenkämen. Endlos, bis zum
Überdruss konnte sie ihn bilden und belehren, was Sitte und
Wohlverhalten anging. Sie gab ihm zu verstehen, welchen
Standes sie waren und was dem Gesinde, den kleinen Leuten
gebühre und was nicht. Das war hilfreich und einzusehen,
aber Hebel mochte es nicht ohne Unterlass hören. Jetzt erschrickt er über diesen undankbaren Gedanken und seine
Ungeduld bisweilen – sie wird ihm nie wieder Lehren geben!

Im nämlichen Augenblick, da er gewahr wird, dass die
Muetter nicht mehr atmet, ihr Herz nicht mehr schlägt, zieht
seine Kindheit an ihm vorüber.

Alleweil waren sie zu zweit. Johann Peter weiß von einer
Schwester, um die in der Familie getrauert worden war, aber
er hat sie nicht gekannt – gleichwohl: Immer hat er sich als
Bruder gefühlt, der Platz neben ihm war leer, aber dort war
sie nicht einfach nur nicht da, nein, sie fehlte. Selten weinte
die Mutter stille Tränen um die Schwester, er sollte nicht der
Zeuge ihres Mangels sein, aber er spürte das Finstere doch,
das der Tod in seine Familie gebracht hatte, das Dunkle, das
Menschen verschlang und keinen Ersatz für sie preisgab.

So war es auch mit dem Vater. Es musste einen gegeben
haben (da musste das Peterle nicht mehr belehrt werden); es
hingen noch Kleider von ihm im Kasten zuhaus, ein grauer
Überwurf, grobe Hosen und die leinenen Hemden, die ihm
selber viel zu groß waren – er musste ein stattlicher Mann
gewesen sein, ein Leineweber und Soldat, hatte Hebel ge-

hört, einer mit einer etwas fremden Sprache, der nicht im Tal aufgewachsen war, und auch seine Religion war nicht dieselbe. Trotzdem war er wohl gelitten, in Hausen und zu Basel bei der Herrschaft. Ein Büchlein lag noch in der Lade, voller kleiner Geschichten und Erinnerungen, Alltägliches und Außergewöhnliches, Johann Peter mochte die Handschrift seines Vaters und vermeinte manchmal ihn ein wenig zu kennen, seinen Ton, sein Erzählen. Auch der Vater fehlte, wurde vermisst. Nicht, dass es an Zuwendung gemangelt hätte, die Verwandten kümmerten sich, die Herrschaft behandelte ihn freundlich und mit den Kindern in Hausen und Basel pflegte er eine bisweilen raue Kumpanei. Doch am *Ätti* mangelte es ihm. Er, der Lebenserfahrene, der Weitgereiste, der des Schreibens mächtig war und nachgedacht hatte über Glück und Forderung, er hätte Fragen beantworten können.

Schwetz, Ätti, goht's em echterst au no so? Der Ätti seit: Du guete Burst, 's cha freili si.

Mit des Vaters Antworten wäre Hebel vielleicht nicht zufrieden gewesen, sie hätten ihn − mag sein − nicht sogleich getröstet; aber es wären Antworten gewesen, von einem, in dessen Herzen er zuhause war, der sich nicht nur verantwortlich fühlte, für den Verwandten, den Schwestersohn, der denselben Namen trug − also war man aufgerufen, sich zu kümmern, man war ja ein biederer Freund, ein Christenmensch. Nein, der Vater, der *Ätti*, hätte ohne Fremdheit geholfen, noch in seinem Schweigen hätte er sich geborgen gefühlt. Glaubt Hebel jedenfalls, so musste es sein, und gerade jetzt vermisst er ihn unsäglich.

So fühlt Johann Peter sich und seine Seele beschnitten, als sei nur die Hälfte dessen, was eins sein müsste, in der Welt: Ohne Vater und Schwester ist er nur ein halber Mensch. Auch wenn die Mutter sich alle Mühe gab, sie konnte den

Mann und die Tochter nicht ersetzen, sie waren ja beide vom Schicksal betrogen worden, oder von der göttlichen Vorsehung, was zu denken das Tragen nicht leichter machte.

Und jetzt soll er ganz allein sein? Nur der vierte Teil noch von dem, was ganz und unbeschadet sein sollte? Die Mutter im Arm, die leblose, die viel zu still ist im Lärm des Tages, des Waldes, der Straße, des Flusses, versteht er's nicht.

Nie wieder wird sie sprechen, lächeln, streng dreinschauen mit erhobenen Augenbrauen oder mit den Augen zwinkern, wenn sie seinen Schalk wohl tadeln sollte, sein Scherz aber so gelungen war, dass sie selbst lachen mochte, es sich jedoch versagte. Oft brauchte es gar keine Worte zwischen ihnen, damit sie einander verstanden. Sie sind einander vertraut, er kann erraten, was sie denkt, weiß es von einer Geste, von der erhobenen rechten Hand, einem Zucken ihres Mundes oder von der Weise, wie sie die Nase bläht und Luft einsaugt, zornig ob eines Fehlers selten, neugierig oft, was er nun noch sagen oder tun würde, mit Wohlwollen fast immer. Sie sind einander vertraut, wie *Muetter* und Sohn es nur sein können. Was Wunder, sie haben ja nur einander. Da gibt es Freunde: Mitschüler, Spielkameraden, die einen näher und bekannt, die anderen ferner, Genossen für einen Tag oder zwei in den Wäldern um Hausen, in den Gassen Basels oder den eigentlich verbotenen Wehrgängen; da gibt es Freundinnen, Bedienstete anderer Herrschaftshäuser oder Bäuerinnen, die ihre Waren auf dem Markt anbieten, und manche Bekanntschaft für eine kurze Zeit, die Peter sich nicht merken muss und mag, Vorüberziehende auf dem Hofgut der Iselins vor dem St. Johanntor. Doch die Weise und Tiefe, in denen sie umeinander wissen, teilen sie mit keinem und keiner.

Darum weiß Johann Peter auch, dass sie nicht mehr bei ihm ist. Nicht allein ihr Puls fehlt, nicht bloß ihr Atem ist versiegt, ihre Stimme gebrochen, nicht nur ihre Wärme verfliegt – nein, er spürt, dass er nicht mehr zu ihr dringt, dass sie auf Blicke und Tasten keine Antwort mehr gibt. Wie sie immer miteinander waren, seit er fühlen und denken konnte, so sind sie jetzt, seit wenigen Augenblicken, nicht mehr beisammen.

Als Kind hatte er sich einmal im Wald verirrt und musste rufen, in den Schulen in Basel und Schopfheim fühlte er sich bisweilen als Außenseiter, doch so allein wie nun, so abgeschnitten, losgelöst und ungeborgen hat er sich nie gefühlt, niemals, bis zu dieser Stunde.

Isch's dr Ernst? Hebel versteht diese Frage erst beim zweiten oder dritten Mal – er weiß nicht, wie oft Jakob ihn schon angerufen hat. *Wa isch los? Wa isch mit dinere Muetter los? Schnuft sie nemme?* Ja, es ist Ernst, sie atmet nicht mehr. Hebel sieht seine Mutter, wie er sie nie gesehen hat. Abwesend. Das war sie nie. Zu jeder Zeit fand er ein Ohr, wenn er etwas zu erzählen, zu beklagen, zu fragen hatte. Gleich, was sie gerade in der Hand hielt und zu tun hatte, sie unterbrach die Arbeit, legte zur Seite, was sie gerade tragen wollte – und war für ihn da. Nicht immer, wie er es sich erwartet hatte, manchmal mahnte oder schalt sie ihn, wo er Verständnis erhoffte, aber: Sie war da, sie war immer da, hatte ein Wort für ihn, einen tröstenden *Öpfelschnitz*, ein Lächeln oder fuhr ihm mit der Hand durchs Haar. Das liebte er besonders, so konnte sie jede Träne stillen, alle Dunkelheit aus der Seele vertreiben. Jetzt nicht mehr. Versuchsweise streicht Hebel über ihr streng angelegtes Haar; zuvor hat er das selten getan, nun hofft er, es könnte helfen, sie zurückzuholen, wie ein kleiner Zauber. Aber … nichts … geschieht. *Nüt.*

Derweil ist Jakob vom Kutschbock gestiegen und um den groben Wagen herumgegangen. *Isch's dr Ernst?*, fragt er dabei noch vier-, fünfmal, und: *Wa isch los?* Dass sie tatsächlich *nem-*

me schnuft, verwirrt den alten Freund. Damit war doch nicht zu rechnen gewesen. Als gestern der Basler Bote kam und die Bitte überbrachte, die Ursula Hebelin würde gerne abgeholt werden, um zuhause zu genesen, wollte Jakob gleich wissen, ob sie nicht zu krank sei für den holprigen Weg. Zwar wäre sie im Karren gut aufgehoben, aber das Schaukeln und Poltern auf der mäßigen Straße an der Wiese entlang war schon für Gesunde kein Vergnügen. *Cha sie des?,* wollte er wissen, nicht ohne Nachdruck. Der Bote schwieg kurz, bejahte (Unbedingt!) und wies darauf hin, dass das Peterle doch auch mitkomme – und ihren Sohn würde die Ursula doch gewiss keinen Unannehmlichkeiten aussetzen wollen.

Aber genau das ist eben geschehen: die Unannehmlichkeit ihres Todes. Der Mensch denkt und Gott lenkt, geht es Hebel durch den Kopf, aber er zitiert die fromme Formel bitter. Er will ihn nicht annehmen, *Muetters* Tod. Das mag ungebärdig sein, nicht gottergeben, unrecht vor dem Weg und dem Willen des Herrn. Doch dass er sie verlieren soll, das darf keiner von ihm erwarten, auch kein Gott. War es denn nicht gerade sie, die ihm Gott lieb gemacht hat, noch vor den Lehrern, dem Pfarrer, der Patin? Wenn sie von Gott sprach, die biblischen Geschichten erzählte oder vorlas, war nie Härte in ihrer Stimme, nur weites, tiefes Wohlwollen. Sie warb den Hebel an für Gott, sie ließ ihn schmecken, sehen und hören, wie gut Gott es mit ihm meinte. Und ihre Werbung trug Frucht, Hebel wollte ein Geistlicher werden – und nicht nur, weil die Mutter sich das für ihn wünschte –, ein Erzähler von der Güte Gottes. Das wusste er schon früh. Das weiß er jetzt nicht mehr so genau.

Hat Gott sie ihm jetzt fortgenommen? Gott? Warum er? Weil es in Gottes Schöpfung kein blindes Schicksal gibt? Vielleicht gibt es das ja doch. Hebel kann keinen klaren Gedanken fassen. *Muetters* Tod bestürzt ihn, fällt und zerstößt alle Gewissheiten. *Muetters* Tod ist unfassbar – und mit ihm wird alle Gewohnheit, werden Gott und Welt unverfügbar.

Peterle? Jakobs Stimme reißt ihn aus seiner Verwirrung. Jetzt erst hebt Johann Peter den Blick und schaut am aufgeregten Gevatter Jakob vorbei. Er sieht die letzten Häuser von Brombach, Kleinbauern-, Tagelöhnerhütten, wie sie am Rand jedes Dorfes stehen, geduckt und dabei noch immer stolz, dazuzugehören, zu diesem Ort, zu diesem Gemeinwesen. Ihre Wohnung, das Haus, in dem sie das obere Stockwerk bewohnen – und es ihr Eigen nennen können, weil sie zu einem strebsamen, fleißigen Geschlecht gehören –, steht fast in der Mitte von Hausen, unweit von Kirche und Vogtshaus. Sie sind angesehene Leut.

Wenn er das Haupt etwas wendet, am groben Verschlag des Karrens vorbei, sieht Johann Peter das Röttler Schloss, *verfalleni Mure, verrißene Stube.* Jetzt aber steht Jakob vor ihm, mit großen Augen, entsetztem Blick. Er schreit nicht mehr, fragt nicht mehr, er kann nicht glauben, was er sieht. Wie s'Peterle selbst hat er doch nicht für möglich gehalten, allenfalls leise geahnt, dass das geschehen könnte. Die Hebelin war doch eine robuste Natur, die Hebelin hatte doch schon mancherlei Gebresten, manche Probe bestanden. Dass sie nach Hause wollte – gut, das versteht er, der Wälder, ohnehin. Wie sollte einer in der Stadt gesund sein und bleiben? Aber dass es so um sie stand?

Jakob will den Karren besteigen und reicht Hebel ungelenk die Rechte, halb, um ihn zu besänftigen, halb, um Hilfe anzubieten; der aber lehnt ab, wehrt sich. Johann Peter hält die Mutter umschlungen, mit beiden – kräftig gewordenen – Armen, er lässt sie nicht los, auf keinen Fall: Er gibt sie nicht frei. Für niemanden.

Aber das spürt er auch: Er ist nicht der Einzige, der sie in den Armen hält; da ist noch einer, und der hat alle Macht – ist ein Schnitter, heißt der Tod, hat Gewalt vom großen Gott … hüt dich, schön's Blümelein!

Auf einmal hat Johann Peter den Totentanz vor Augen, den Basler Totentanz, neben dem sie wohnen, wenn sie im Sommer bei den Iselins ihren Dienst tun. Hebel hat ihn oft gesehen, den Totentanz. Der stumme Reigen ist auf die Friedhofsmauer gemalt, auf die Rückseite der von der Zeit schief gewordenen Wand, den Gräbern zu; von der Gesindekammer her ist er nicht auszumachen, aber Peterle hat sich oft auf den Gottesacker gewagt. Da gibt es schöne Steine, englische Figuren, weise Sinnsprüche auf Deutsch und Latein. Beeindruckt stand er vor den Namen, den berühmten und den unbekannten, und vor den Jahreszahlen, oft Jahrhunderte alt. Mancher, der da zu liegen gekommen war, wollte wohl im Tod noch zeigen, wer er gewesen: bescheiden oder hochgeachtet, ein Lebens- oder Todesverächter, ein Frommer oder Zweifelnder. Und unter den Grabmalen gibt es viele für geliebte Mütter, treue Ehefrauen, manche Steine für einsame Witwen, die ihren Gatten hinterhergestorben sind. Und viele, die hier liegen und erinnert werden, starben vor der Zeit, zu früh, im Kreißbett oder von einer tückischen Krankheit dahingerafft. Wenn das Peterle über den Friedhof ging, dann gesetzten Schrittes, und die sonst so lauten Freunde mit ihm, sie hatten Ehrfurcht vor den Grabmalen, vor denen, die darunter versammelt worden waren. *Es gruset eim,* flüsterten sie sich zu, aber es war ein vernünftiger Schrecken, der ihnen über den Rücken schlich, einer, von dem sie wussten: Der lehrt uns etwas vom Leben, der macht uns weiser als wir es sein sollten in unseren Kindertagen. Am Ende jedes Ganges suchte Hebel noch den Totentanz auf. Nach vier-, fünfmal, da er ihn betrachtet, oder besser: studiert hatte, kannte er ihn auswendig und hätte er auf Verlangen herzählen können, wie viele Frauen und Männer mit wie vielen Totenskeletten da den Reigen drehten. Mit Staunen sah er das, die Weisheit erschloss sich ihm trotz seiner jungen Jahre: Lehre uns, dass wir sterben müssen, auf dass wir klug werden! Aber dass dieser Satz auch ihm gelten sollte, und allzu bald, das hatte er nicht gedacht und nicht gewünscht.

Kaiserin und Königin, die Herzogin, die Edelfrau, Heidin und Jungfrau, die Äbtissin und die Malersfrau tanzte der Tod aus dem Leben – aber doch nicht sie, seine Mutter, die Ursula Hebelin. Oder war sie mit allen Müttern eingeschlossen in die Figur der Eva, die fein, fast fröhlich lächelt, indem sie dem Adam den Apfel reicht, derweil sich hinter ihrem Rücken die alte Schlange um den Baum der Erkenntnis legt? Die Sinnsprüche, das Gespräch zwischen dem Tod und seinen vielen Mittänzern und -tänzerinnen, hatte Johann Peter auswendig gelernt und einmal in der Schule geglänzt damit. Er mochte die überkommene Sprache und das Versmaß:

Der Tod
Secht hie der Spiegel aller Welt,
Der uns darumb wird fürgestellt,
Daß wir Anfang, Mittel und End,
Betrachten fleissig und behend.

Adam & Eva
Der Anfang in dem Paradeiß,
War herrlich, voll Lob, Ehr und Preiß:
Darauff folgt bald der leidig Fahl,
Und stürtzt uns in solch Jammerthal.

Doch eine Eva, eine solche Eva, die das Gebot des Herrn missachtete, die sich Freiheiten herausnahm, den Adam nasführte und Gott nasführen wollte – eine solche war seine Mutter doch nicht! Die eine Mutter, ja, die ihn geboren, ihn unter Schmerzen in die Welt hatte treten lassen und dann jeden Schritt begleitete, die war sie. Und lächeln konnte sie; sie tat's nicht oft, aber sie vermochte es. So, dass ein Duft vom Paradies zu ihm herüberwehte, so, als erinnere ihr Lächeln an Zeiten der Gottesnähe, des Friedens. Wenn der Schnitter sie nun forttanzt, dann sind ihm Stadt und Dorf, Tal und Berg, dann ist ihm die Welt allein noch dies: ein Jammertal.

Doch geht es denn da mit rechten Dingen zu? Hebel ist selbst verwundert, dass ihm dieser Gedanke eben durch den Kopf geht, aber unter den Frauen auf dem Basler Totentanz ist keine Bäuerin zu finden, keine Zugehfrau, keine Hebamme, keine Dienstmagd. Müssen die dann vom Todesreigen nicht verschont bleiben? Müssen die, die ihr Brot mit Mühe und Last verdienen, die sich vom Munde absparen, was sie ihren Kindern zugutekommen lassen, *mit stillem Sinn in Pflicht und Recht* – müssen die nicht mit anderem Maß gemessen werden als die Hochwohlgeborenen, die Müßiggänger und reichen Herrschaften? Und wenn nicht alle, so doch sie, die *Muetter,* die niemals jemandem zu Leid lebte, die eher sich selbst schaden mochte als einem anderen, sei er Freund oder fremd.

Im Sommer vor einem Jahr, an einem Freitagabend im Juni, war Johann Peter kurz vor der Dämmerstunde einmal auf den Friedhof an der Predigerkirche gegangen, ohne die Kameraden, um seine Runde auf dem Kirchhof still und in sich gekehrt zu machen, dieses und jenes besondere Grab zu besuchen (den Kindergräbern wich er immer aus), dessen Ansicht oder Inschrift ihm etwas bedeutete, um schließlich vor dem Totentanz zu stehen. Dutzende Male hatte er ihn schon betrachtet. Aus der Ferne krächzte ein Rabenvogel und vor ihm sprang eine Eichkatz über den Kiesweg, den Blick fest auf ihn gerichtet, um sich zu versichern, dass dieses Menschenkind keine Gefahr sei. Denn Gefahren gab es genug, auch im Reich der Tiere, der wilden in Feld, Wald und Bach und der ans Haus und Mensch gebundenen. Jäh konnte ein Ross straucheln und sich das Bein brechen, ein Hund konnte krank und räudig werden, ein Huhn blind und ein Schaf sich zu Tode husten. Den Totentanz kannte Hebel, diesmal ging ihm auf, was in den Bilderreigen nicht hineingemalt worden war: der Tod der Kreatur.

War sie es nicht wert, im Reigen aus dieser Welt geführt zu werden, war der Totentanz allein den Menschen vorbehalten? Johann Peter – in Hausen mit dem Nachbarkater Felix befreundet, der ihm schnurrend um die Beine strich, wenn er ihn erkannte – war empört! Die silbernen Fischlein im Fluss, der Rüttelfalke über dem abgeernteten Feld, das Reh auf der Lichtung, galten sie dem, der sie geschaffen hatte, nichts? Zornig lief er zur Mutter; auf dem Weg begegnete er dem Herrn Iselin, der wissen wollte, was ihn so erregte, und als Peter berichtete und seine Wut noch mit Tränen illustrierte, nahm der ihn ernst und versicherte ihm, dass der Schöpfer auch die Maus und den Ochsen in Ehren hielt. Auch die Kreatur würde in Gottes ewigem Reich einmal zufrieden sein und ihr Spiel spielen; doch mit dem Tod zu tanzen, das sei des Menschen Gabe und Fluch. Hebel beruhigte sich bald wieder, aber das Gefühl war ihm geblieben, dass es, wo der Tod sein Unwesen trieb, nicht immer gerecht zugehe.

So wie jetzt, so wie eben, da die Mutter gestorben ist, der Tod sie nicht in einem sanften Reigen, sondern mit einer

rasenden Polka, einem schwindelerregenden Kreistanz fort-
gerissen hat. Wieder ist er empört: Wie ungerecht das alles,
wie unsagbar hinterlistig und gemein, dieser Tod – und dieser
Gott, der dem Tod nicht wehrte, der ihn gar in seinem Namen walten ließ! Geschah dies nun in Gottes Namen?

Auf den Bildern des Totentanzes war der Schnitter – der
fahle, der schwarze, der nackte, der feixende und greinende
Tod – sein eigner Pfeifer, Fiedler, Lautenschläger. Wer aber
schreibt ihm seine Melodien vor, die Lieder, die Rhythmen,
nach denen er tanzt? Ist Gott der Tonsetzer, der bestimmt,
auf welche Weise jedes Menschen Lebenslied geht, und der
den Takt kennt, auf den die große Fermate folgt, so dass der
Mensch verstummen muss? Hebel versteht es nicht, er kann
die Notenschrift Gottes nicht lesen – und will es auch nicht.
Da Gott der Mutter den Totentänzer in den Weg geschickt
hat, will Peter nichts mehr hören von Gnade und Barm-
herzigkeit, von Gottes weisem Regiment, das auch den Tod
zum dienstbaren Gesellen macht. Der Tod ist ein Räuber, ein
Wegelagerer.

Die Mutter – leblos und erschöpft vom Totentanz –
möchte Hebel nur noch nach Hause bringen. Was sollen sie
hier noch stehen, die Ochsen, der Schwager, Peter und die
Mutter, ihr Leichnam, ihre armselige Hülle, mitten auf der
Straße? Er hat diese Strecke geliebt und die vielen Stunden,
die sie darauf schon gegangen oder gefahren waren, genossen.
Es war zuallermeist ein verheißungsvoller Weg, im Frühjahr
freute er sich auf die sommerlichen Abenteuer in und vor
der Stadt, im Spätherbst auf die warme Stube und den ersten
Schnee. Immer lag ihm etwas voraus: neue Erlebnisse, das
zu Lernende in der Schule, auf der Gasse, er war vernarrt
ins Lateinische und in die schwyzerdütsche Gossensprache
seiner Kumpanei.

Seit Jakob angehalten hat, um nach dem jungen Hebel und der kranken Hebelin zu sehen, stehen sie vor einer seichten Stelle der Wiese, ein Flecken, den Peter gut kennt. Genau hier haben sie oft gerastet – warum der Tod gerade diesen Ort gewählt hat, um die *Muetter* fortzutanzen? War es Hohn oder Rücksicht, wollte er ihn schlagen und verletzen, ihm eine Nase drehen oder ihn nur ein wenig beruhigen mit dem vertrauten Ort? Vom Straßenrand kann er die Böschung hinabschauen, ein kleiner Abbruch führt in das Kiesbett des Flusses, das im Frühjahr überflutet ist. Jetzt liegen die Steine trocken und bloß, leicht ließe sich der Fluss überqueren, um in den Wald am anderen Ufer zu gelangen – so leicht, wie es wohl sein muss, den Jordan zu durchschreiten, hinein ins Gelobte Land, in das seine Mutter – das hofft Peter – nun eingeht: Sie war eine treue Christin, eine gottesfürchtige Frau.

Diese Straße war ihm Heimat bis heute – zerbrochene, *verrißene* Heimat jetzt. Mit der Mutter wird er hier nie wieder rasten und gehen. Er beschließt, diese Stelle zu meiden, künftig, wenn er sich wieder wird aufmachen müssen von Hausen nach Basel. Aber wird es diese Wege überhaupt noch geben? Diese Frage verbietet Hebel sich, der Abgrund, in den er nun schauen müsste, wäre zu tief und zu finster.

Derweil steht Jakob bei ihm, redet ein paar Worte auf ihn ein, die das Peterle beruhigen sollen – von Trost kann noch keine Rede sein – und die ihn lind gemahnen, dass nun Zeit zum Aufbruch sei. Kaum, dass der sie hört. Jakob, der Schrecken und Rührung nur schwer verbergen kann und sie doch verbirgt, damit der Knabe nicht vollends verzweifelt, will weiterfahren, damit sie noch vor Abend in Hausen sind, damit die Ursel Hebelin noch würdig aufgebahrt werden kann. Es wird eine große Unruhe geben im Dorf, mit diesem jähen Sterben hat niemand gerechnet, und wer sie kannte – und wer kannte sie in Hausen nicht –, wird ihr den Abschied geben wollen, wird dem kleinen Hebel bestürzt und bedauernd die Hand reichen und ihm versichern wollen, dass man sich um ihn kümmere, dass er jederzeit an die Türe klopfen könne und mit Hilfe rechnen dürfe. Die meisten werden das auch so meinen und handeln, wie sie es versprechen. Handeln wird er, wird Jakob auch müssen – er muss den Tod seines Fahrgastes anzeigen, wird der Obrigkeit Bericht erstatten und vielleicht werden sie ihn, den Verwandten, mit dem Nachlass betrauen. Ein Vormund wird zu suchen und zu bestimmen sein. Was soll aus dem Knaben werden? Die Hebelin hatte ihn fürs geistliche Amt bestimmt, Pfarrer solle er werden, dann sei er versorgt und genieße das Ansehen der Leute, und gewitzt genug werde er dafür sein.

Schwer wiegen die Gedanken, da Jakob den Johann Peter sanft zurechtsetzt und ihm den Kopf der Mutter in den Schoß legt. Er kann die beiden nicht trennen, Hebel krallt sich fest am Stoff ihres Kleides, und streiten will er jetzt nicht mit ihm. So richtet er's ihnen – dem verstummten Sohn, der abgeschiedenen Mutter – bequem ein, damit sie die Fahrt noch überstehen.

Johann Peter merkt es nicht, als der *Merz* und der *Laubi* sich in Bewegung setzen, ganz gemach, als nähmen sie Rücksicht, und er sieht die Straße nicht, den Fluss und die Felder, an denen entlang sie fahren, sein Blick geht zur Mutter, unverwandt, er kann und will sich nicht trennen von ihrem blass gewordenen Gesicht, den geschlossenen Augen, die nicht mehr aufschauen, und von den kraftlosen, fahlen Händen, die er so reglos noch nie gesehen hat. Selbst im

Gebet ging ein stilles, leises Zittern durch sie hindurch. Als der Kasten einmal in ein Schlagloch gerät und einmal über einen Stein holpert, den Lausbuben in den Weg gelegt haben mögen, merkt er es nicht.

Erst als der Karren vor ihrem Haus hält, schaut er auf. Ihr Haus, in dem er aufgewachsen ist, in dem *Muetter* ihm das Frühstück bereitete und *'s Habermues — so chömmet und esset!* —, in dem er geschlafen hat, zuerst in ihrer Stube, dann in der eigenen, in dem sie zu Tisch saßen und er ihr vom Tag berichten musste, in dem sie ihm die biblischen Geschichten vorlas oder erzählte, wie sie's eben verstand, und ihm ihre Lebenslehren mitgab: *Weisch, wo der Weg zum Mehlfaß isch?* Und: *Wenn de amme Chrützweg stohsch und nümme weisch, wo's ane goht, halt still.* Ihr Haus, das immer aufgeräumt und sauber war, in dem er sich wärmen konnte in den eiskalten Wintertagen, auf das die Mutter stolz war, weil es nicht oft vorkam, dass eine Witwe ein Haus besaß. Ihr Haus, das nun seines werden soll, in dem er, wenn er es behalten kann, alleine wird leben müssen auf seine jungen Tage.

Als der Wagen in den kleinen Hof einfährt und vor der Stiege hält, hebt Hebel zum ersten Mal seit der Biegung an der Wiese die Augen. Vom Fahrtweg und von den Stunden mit der Mutter im Arm ist er ruhig geworden. Gesprochen hat er ohnehin nichts, nun ist auch der Schrecken ein wenig gnädiger und kann ertragen werden. *Halt still.* Er wird versuchen, der Mutter Rat zu beherzigen.

So erträgt es Peter jetzt, dass Jakob ihm die Finger löst, die die Mutter halten, einen nach dem anderen, behutsam. Dann wird er, da seine Füße ihn nicht tragen möchten, vom Karren gehoben, wie auch der kalt gewordene Leib der Mutter. Vier verdiente, stämmige Hausener legen den Leichnam auf eine eilends hergebrachte Bahre und tragen die Mutter ins Haus, in ihre Kammer. Nachbarinnen sind rasch unterrichtet worden und bereiten nun die letzte Schlafstatt, während Peter in der Stube sitzt, nahe dem Ofen, der zu dieser Zeit noch nicht arbeiten muss. In sich gekehrt nimmt er kaum wahr, was geschieht, sieht nur die Menschen ein- und ausgehen, wohlvertraute Gesichter, die ihn allesamt mitleidig ansehen. Niemand aber spricht ihn an, aus Pietät oder Unsicherheit – dem Peter ist das soweit recht.

Der Herr Pfarrer ist herbeigerufen worden, von Kirche und Pfarrhaus hat er's nicht weit. Als er das Haus und die Stube betritt, grüßt er den Peter nur kurz und bedeutet ihm, mitzugehen ans Totenbett, um das schon die Nachbarinnen stehen – manche *Wittib* darunter, manche verwaiste Mutter, die den Tod schon oft gesehen hat. Die Männer halten sich im Hintergrund der ohnehin engen und schattigen Kammer – dem jungen Hebel wird der Vortritt gelassen. Hier ist sein Platz als der nun verwaiste Sohn, er stellt sich ans Fußende des Bettes und legt seine Hand auf das Plumeau, *'s Deckbett*, unwillkürlich, wie, um noch einmal Verbindung aufzunehmen mit der Mutter, die zu berühren sich jetzt nicht schickt.

Schlof wohl, schlof wohl im chüele Bett!, hebt der Pfarrer an und besinnt sich sofort: Die Würde der Totenfeier fordert die Sprache Luthers, das Hochdeutsche: *LEre uns bedencken, das wir sterben müssen, Auff das wir klug werden*. Und: *Ich hebe meine Augen auff zu den Bergen, Von welchen mir Hülffe kompt*.

Ernst, mit einem leichten Singsang in der Stimme, rezitiert der Herr Pfarrer die Gebete und Bibelworte, die die Agenda vorsieht und die zum Abschied gehören, mit Nachdruck spricht er den Reisesegen für den letzten Weg. Und ob ich schon wanderte im finstern Tal – in den 23. Psalm stimmen alle ein, Frauen und Männer, und ebenso ins Lied:

O Welt, ich muss dich lassen,
ich fahr dahin mein Straßen ins ewig Vaterland.
Mein Geist will ich aufgeben,
dazu mein Leib und Leben legen in Gottes gnädig Hand.

Hebel denkt an die Straße, über die er am Tag gefahren ist, mit der noch lebenden Mutter zu Beginn, mit der verstorbenen am Ende, und ist sich nicht, auch neben dem Pfarrer nicht, sicher, ob Gottes Geleit so trefflich ist, wie er es oft gehört hat, wie es behauptet wird, sonntags zur Kirchzeit und gerade jetzt, bei seiner Mutter Aussegnung. Allesamt beten sie das *Unser Vater,* mit erhobenen Händen teilt der Pfarrer den Segen aus. Und die dem Johann Peter zur Seite gestanden haben, bei der Ankunft, als die Mutter aufgebahrt wurde, und jetzt bei der Feier, zerstreuen sich rasch.

Jakobs Frau hat ein Brot dagelassen, etwas Käse und Most. Gevatter Jakob nimmt ihn, als der Pfarrer verabschiedet und mit einem kleinen Batzen belohnt worden ist, am Arm und führt ihn zur Küche, wo Speis und Trank auf der Anrichte stehen. Jetzt erst merkt Peter, wie hungrig er ist, hungrig und abgrundtief müde. Nachdem der treue Freund gegangen ist, isst Hebel ein paar Bissen, trinkt einen kräftigen Schluck. Und zieht sich dann auf seine Kammer zurück.

Nun ist Peter allein, und von nun an wird er es sein und bleiben. Es ist so still, wie es hätte sein sollen, als *Muetter* ihr Leben aushauchte. Als Hebel sich entkleidet, fühlt er, dass sein Rock ganz feucht ist, auf der Höhe seiner Brust. Er muss geweint haben, erinnert sich aber keiner Tränen. Doch den Schmerz der Sehnsucht spürt er, der Sehnsucht nach der Mutter, die nun kommen müsste, ihm eine Gute Nacht zu wünschen, die noch dies und das zu sagen hätte, was er am nächsten Tag zu tun oder zu lassen habe, oder die spät noch vorbeikam und ihn zur Not weckte, wenn sie etwas zu vergeben hatte, denn sie ließ die Sonne nicht untergehen über ihrem Zorn. Er weiß, dass er all dies vermissen wird und dass sie durch nichts und niemanden zu ersetzen sein wird, so sehr andere ihm auch zugetan sein mögen, Freunde, Freundinnen und Verwandte, die Iselins. Die *Muetter* ersetzt ihm keiner.

Für einen Moment zweifelt er, ob es nicht besser sei, selbst abzuleben – jetzt würde er noch einen Platz im selben Grab finden, in dem sie in Frieden zu ruhen kommen wird. *I schlof derno so sanft wie du und hör im Chilchthurn s'Unrueih nit. Mer schlofe, bis an Sunntig früeih der Morge taut.*

Aber Hebel verwirft diesen Gedanken. Er ist nun kein Kind mehr, kein Knabe, auch wenn sie ihn noch so nennen. Er muss nun zum Manne reifen und sein Leben alle Tage selbst bestehen. Ohne *'s Muetter.* Aber das weiß er: Nie wieder wird er sich einen Menschen, den er liebt, nehmen lassen, nie wieder. Dann besser nicht lieben als an einer solchen Wunde zu leiden.

Loset, was ich euch will sage! D'Glocke het Zwölfi gschlage. Und 's isch no umme chleini Zit, vom Chilchhof het me nümme wit. Mit dem verhaltenen Ruf des Wächters in der Mitternacht schläft Peter ein, bodenlos erschöpft. *Wie still isch alles!*

In Ehre, hani gseit.

Die Stillende bei Rastatt

Der Hausfreund, das wissen die geneigten Leserinnen und Leser des rheinischen Kalenders und das weiß der Adjunkt, der Hausfreund erträgt so mancherlei. So hat er sich manchen Tags schon auf einen Gang durch die Matten gefreut, wenn der Sonntag so hell wie sein Name ist, anhob am frühen Morgen, und die Vögel priesen ihren Schöpfer aus vielstimmigen Kehlen und die Kelche der Blumen richteten sich auf, so dass auch kein Biedermann und Frommer mehr länger liegen mochte. Also ging er mutigen Schrittes zum Gottesdienst, ertrug die Predigt mit Demut, sang die Choräle mit Inbrunst, weil er ja bald nach dem sparsamen Mittagsmahle in die Wiesen und kleinen Wälder schreiten würde, um sich zu ergehen, Steine oder Käferchen zu sammeln, einmal zu schnauben, wie es des Kohlenhändlers Gaul gerne tat, um den Tag schließlich im Bären oder der Krone mit einem Schöpplein Auggener, vom Besten, zu krönen. Traf er dort einen Freund oder gar den Adjunkten, umso besser. – Und grad als er ausschreiten wollte, dräute es und dräute, so dass er auf dem Fuß kehrtmachen musste, weil es alsbald Katzen hageln würde. Und die kamen nicht, um sich kraulen zu lassen.

Der Hausfreund ärgert sich ein wenig … und erträgt's.

Der Hausfreund, das lässt sich denken, erträgt vieles. Wenn einer seiner Schüler sich ungehorsam und unwillig zeigt, wenn einer ihn herausfordert über Gebühr, so dass er Einhalt gebieten muss ... er erträgt's. Wenn er nicht ins Oberland reisen kann, weil ein Lehrer noch lange nicht Urlaub hat, wenn keine Schüler mehr im Hause sind, weil es Papiere zu studieren, Tabellen zu erstellen, Berichte zu erdichten gibt ... er erträgt's. Wenn er im Bade ist, im Bühler Tal oder in der Hub, und einer erkennt ihn und lässt ihn nicht mehr aus den Fängen seiner losen Plauderei, wenn er sein Pfeiflein trinken will und es stört einer und gibt keine Ruh, wenn er in Baden im Konversationshaus einen Batzen zu gewinnen gedenkt, aber mehr als einen verliert – keine kleine Summe ...

Der Hausfreund ärgert sich etwas mehr ... und erträgt's.

Der Hausfreund, das sei ihm nachgesehen, erträgt nicht alles.

Verwichenes Frühjahr – das letzte Jahrhundert nahm gerade seinen Hut – hatte der Hausfreund Geschäfte und ein wenig freie Zeit im Oberland, der schön-vertrauten Herzensheimat, dem Proteuserland, vom ehrgebietenden Belchen gekrönt, das zu verlassen ihn diesmal gerade so melancholisch anrührte wie zum ersten Mal, als er noch jung gewesen war und wohl ausgestattet, um den weiten Weg von Lörrach, das nur eine kurze Strecke vor dem eidgenössischen Basel liegt, in die Residenz auf höchsteigenen Beinen zu bewältigen. In Weil mietete er ohne Freude eine Kutsche an, ohne Freude lud er Sack und Pack auf den Wagen und freudlos stieg er ein. Noch allein, und das war ihm recht, denn wenn er Abschied nahm, waren Heimweh und Trauer groß, und wenn der Schwager die braven, gleichmütigen Tiere antrieb, waren Trauer und Heimweh nicht klein.

Um wenigstens nicht auch noch im Beutel zu spüren, wie misslich der Weg zurück nach der Stadt, zu Pult und Kanzel sein würde, hatte er mit dem Kutscher einen Handel gemacht. Er, der Kutscher, durfte nach Gutdünken und solange Platz wäre, Passagiere in die Chaise einladen. Der war einverstanden, denn das war ein Zubrot für ihn, und dem Hausfreund schmälerte es den Preis. Das ärgerte ihn nicht, und von Abschied und Sehnsucht abgesehen war nichts zu ertragen.

Vorderhand nicht.

Eben hatten sie das Städtchen Weil verlassen, wo der Hausfreund beim Amtsbruder und bei der innigsten Freundin Gustave Logis genommen hatte, da machte der Schwager noch einmal Halt und lud den ersten Passagier dazu: Es fand sich ein Metzgersbursch ein, Hans-Heinrich mit gemütlichem Vornamen. Der fuhr bis Emmendingen mit, war ein angenehmer Gesprächspartner, wortkarg eher, um nicht zu sagen: mundfaul – doch kam der Hausfreund durchaus auf seine Kosten, da Hans-Heinrich ihm nach etwas Fragen und Bitten eine köstliche kleine Geistergeschichte, die er wohl selbst für wahr hielt, zum Besten gab. Der Hausfreund liebt bekanntermaßen Geschichten, nachgerade die von seltsamen Käuzen und bunten Vögeln, von Spukerei und Wunderfitz.

Er liebt aber die nicht, darin er selbst der Held sein soll.

Und diese seine Reise konnte eine solche Geschichte werden, fürchtete er, als nach leidlich gutem Kaffee, einem kernigen Schwarzbrot und cremigem Anke kurz vor der Abfahrt aus Emmendingen eine Weibsperson in den Wagen stieg, die ihm auf den ersten Blick missfiel. Sie war nicht lose gekleidet, das nicht, oder fast nicht, etwas großmütig in der Betonung ihrer Reize wohl schon – aber das sollte ihr gegönnt sein, und davon verstand der Hausfreund am Ende auch kaum etwas. Sie mochte um die zwanzig Jahre jung sein und es überraschte ihn, dass sie allein reiste, mit demselben Ziel, Gott sei's geklagt: der Residenz. Doch halt, allein war sie ja nicht. Ein greinendes Kindlein trug sie auf dem Arm, in wollene Tücher gehüllt, so dass er es zuerst gar nicht finden konnte. Aber doch hören musste, als die Chaise sich in Bewegung setzte, und lange noch, immer wieder, auf dem langen, mühsamen Weg nach Rastatt hinauf.

Nun sollte keiner dem Hausfreund nachsagen, er leide die kleinen Kindlein nicht. Lasset die Kindlein zu mir kommen – des Heilands Befehl würde er, der ein Schulmeister war, gewiss nicht missachten. Aber mussten die Kindlein ohn' Unterlass Laute von sich geben, mussten sie mäkeln und krakeelen, als gelte es Leben und Tod?

Die junge Dame, ungeniert, wusste sich zu helfen.

Als der Hausfreund sah, wie sie Abhilfe schuf, den Busen entblößend, stieg ihm sittsam die Röte ins Angesicht und er schaute angelegentlich in die wohlbekannte und nicht sonderlich geliebte Landschaft um Appenweier und Achern hinaus. Er stellte sich vor: Wenn der Adjunkt Kölle, der Hofbaumeister Weinbrenner oder der hochwohllöbliche Kirchenrat Baur davon erführen, wenn sie seiner weiblichen Reisegesellschaft gewahr würden – sie würden ihn foppen, wochenlang, sie würden es weitererzählen, ausschmücken, daran feilen, gar augenzwinkernde Unterstellungen kolportieren, so dass der Hausfreund zum Gespött würde im Museum und auf der Straße, bei Hofe und im Konsistorium. Nicht zu denken, die Schüler erführen davon und er würde seiner stillen Autorität verlustig gehen. Nicht für alle Tage, auf Wochen hin gewiss nur, aber das wäre schon eine Last; und er wollte den Karlsruher Freunden nicht als Gegenstand des Gelächters dienen. Sie würden ihn wohl ausfragen, wo er die adrette junge Dame denn kennengelernt habe, ob die Reise angeregt gewesen sei und ob er sie nicht vorstellen wolle – immerhin, zwei Tage lang und mehr in demselben Wagen, da werden sie sich doch nähergekommen sein, oder gar zuvor schon, da gebe doch ein Wort das andere, eine vertraute Geste die nächste … Und der Kutscher war keiner, auf dessen Verschwiegenheit er setzen konnte. Kurzum: Er schrieb seine Geschichten lieber selbst.

Wie bemerkt: Die Weibsperson, nicht gänzlich sittsam, doch ungerührt, wusste sich Abhilfe zu schaffen und ihrem Kindlein ebenso: Sie legte sich den greinenden Lümmel in der Armbeuge zurecht, nestelte sich mit der Rechten geschickt das Mieder auf – der Hausfreund konnte es nicht vermeiden, Zeuge zu sein –, fasste ihre linke Brust und spielte mit dem Röslein, das sie dem Kleinen schließlich in den Mund verabreichte. Und sofort war es still in der Chaise, der Hausfreund hörte sich atmen. Erregt atmen, durchaus verwirrt. So etwas hatte er noch nie gesehen, und nicht sehen wollen. War das noch *in Ehre* geschehen?

Das ärgerte den Hausfreund sehr, und er ertrug es nicht.

Überdies schaute ihn die Frau mit einem Blick an, der gleichermaßen als unschuldig oder als unverfroren gedeutet werden konnte, er war sich nicht sicher. Sicher war er sich allerdings, dass dies nicht seine Geschichte werden sollte, dass er aus dieser Geschichte aussteigen wollte und musste. In Rastatt, wo sie am dritten Tag der Fahrt vormittags ankamen, tat er's dann auch. Die stillende junge Mutter gab – wenn zu seinem Entschluss noch etwas gefehlt haben sollte – auch noch den Rest dazu, als sie, kaum aus dem Wagen gestiegen, zu singen und zu tanzen anhob, als sei das Kindlein ein vertrauter Geliebter, so wog sie sich und gab ein leicht anzügliches Lied zum Besten: »Sah ein Knab …«, das Hebel zu kennen vermeinte, aber als unter Würde und Sitte rangierend ablehnte. Sie wollte das Kind im Arm wohl tänzelnd in den Schlaf schaukeln, was ihr auch zu gelingen schien, doch Hebel mochte das Wiegen und Wogen, das Hüftdrehen und Schulterrücken nicht länger ertragen.

Kaum hatte sie dem Reigen ein Ende gemacht, nickte er der Frau einen kurzen Abschied zu – er hatte sie die lange Strecke über ohnehin kaum eines Wortes gewürdigt, war nur in sich selbst, einigen Papieren, die er zu lesen vorgab, und in der Landschaft versunken. Zur großen Verblüffung des Schwagers, der die Stirne runzelte, erklärte er, ihm sei auf dem Wege eingefallen, dass ihn noch dringende Geschäfte in der Stadt bänden, so dass er hier noch diesen und den kommenden Tag verweilen werde – da er sich aber großzügig zeigte und vom Reisepreis nichts zurückerstattet bekommen mochte, war es dem Kutscher ein Leichtes, einzuwilligen. Und wer drückte sich nicht alsbald, um nicht doch noch Bedenken zu hören, in die Straßen (das Gepäck sollte der Kutscher versorgen)? Der Hausfreund eilte dem Rastatter Schlosse zu, in der Herrenstraße bog er nach rechts ab, so dass er bald nicht mehr zu sehen war. Nun galt es, geschickt zu warten und zu wandern. Gleich schritt er kräftig nach Norden aus, um am frühen Nachmittag in Durmersheim zu sein, wo er im Lamm rasten würde und abwarten, bis die Chaise am Gasthaus vorbeigefahren wäre (denn dort war keine Rast geplant), gegen Abend würde er dann in Karlsruhe sein, wo er am Freundestisch bei einem kräftigen Biere erzählen würde: vom Oberland, von der Fahrt durch den Breisgau und die Ortenau, der Begegnung in der Kutsche mit einem Metzgersbursch und einer jungen Dame. Und davon, wie er sie gemeistert hatte – seine Geschichte. Und ebenso geschah es.

Merke: Du weißt nie, wer dich auf deinem Weg begleitet.

Und merke auch: Der Hausfreund könnte noch viel kommentieren und sagen zu der jungen Weibsperson mit ihrem greinenden Kind, dem bloßen Busen, dem Tanz und zu seiner Geschichte. Er sagt's aber nicht.

Jez hemmer's un jez simmer do.

Gustave Fecht

Lieber Tobias,
du wirst sagen, dass mein »Dokumentationswahn« (wie du
es nennst) dran schuld sei, oder wirst es mir zugutehalten,
als Ausdruck unserer Freundschaft, dass ich dir diese Sammlung von E-Mails schicke, eine Auswahl eigentlich, aus
vielen, vielen Mails, die zwischen Verena und mir hin und
her gegangen sind. Verzeih, dass ich dich dafür in Anspruch
nehme, aber ich habe das Gefühl, ich sollte Rechenschaft
ablegen. Rechenschaft vor mir selbst und vor dir als Zeugen – Rechenschaft für eine zerbrochene Beziehung. Du
hast gehört, ich habe es ab und zu erwähnt, zwischenzeitlich
auch euphorisch, dass ich mit Verena zusammen war, eine
kurze, aber sehr bewegende, intensive Zeit, die seit ein paar
Wochen ihr Ende gefunden hat. Warum? Eben das will ich
herausfinden – lag es an mir, lag es an ihr? Ich weiß es nicht,
wie ich so vieles nicht verstehe, wie mich so manches ratlos
zurücklässt.

Ich habe Verena nicht gefragt, ob sie damit einverstanden ist, dass du meine und ihre Mails lesen wirst (wenn du
es überhaupt willst), dazu habe ich nun vorerst auch keine
Gelegenheit mehr – aber ich denke, sie würde mir nicht verwehren wollen, mir über mich selbst, meine Wünsche und
Grenzen, klar zu werden.

Mit dieser Sammlung und deinem Rat nach der Lektüre – wenn du mir denn einen geben möchtest – verbinde ich keine Hoffnungen. Ich werde Verena nicht wiedergewinnen. Aber vielleicht verstehe ich mich selbst dann besser – und sie auch – und diese brennende Frage findet eine erste, vorläufige Antwort: Bin ich beziehungsfähig? Oder macht mir eine Frau, die mir nahe kommt, Angst? Warum? Ich bin sehr unsicher, bis zur Verzweiflung bisweilen, weil der Schmerz und der Verlust sehr tief und groß sind.

Nun lies bitte einfach, mein Freund, was es zu lesen gibt. Sag mir am Ende und nach deinem Ermessen, wie du mich siehst in der Beziehung zu einer Frau, die das Beste ist, was mir im Leben geschehen konnte. Ich bin nun ohne sie, aber ich will ihr gerecht werden, und mir auch.

Hab Geduld, wenn du liest, und halte mit nichts hinterm Berg. Danke, mein Lieber, dass ich in dir einen habe, dem ich das anvertrauen kann.

Sehr von Herzen,

Johannes

Von: verena.haufe@vreneli.net
Gesendet: 08.03.2018, 16.45
An: johannes.hitzig@theohh.com
Betreff: Gruß und Bitte

Lieber Johannes, oder: lieber Hannes; ich weiß nicht, wie es dir inzwischen lieber ist. »Jo« wurdest du an der Schule immer genannt … Ich weiß auch nicht, ob du dich an mich erinnerst. Ich bin die aus der 10. Klasse, die du ab und zu in der Theater- oder Musical-AG getroffen hast (kurze, rotbraune Haare, spitze Nase und ein unausrottbarer alemannischer Akzent, wenn ich versucht habe, Theaterhochdeutsch zu reden), wir haben ein paarmal miteinander diskutiert, z. B. über »Andorra«; das ist mir sehr in Erinnerung geblieben – lehrreich sozusagen. Von der Moni – du warst einmal dabei, als wir in Riehen eine Ausstellung (ich glaube Monet, Impressionisten oder so) besucht und dort noch wie drei kulturbeflissene Bildungsbürger und -bürgerinnen einen viel zu teuren Kaffee getrunken haben – weiß ich, dass du jetzt in Hamburg lebst. Bisschen ungewöhnlich, dass so ein eingefleischter Wiesentäler wie du an Alster und Elbe landet …

Aber warum schreib ich dir? Deine Mail-Adresse hab ich übrigens von deiner Mutter bekommen, die hat's gefreut, dass jemand »us de Heimet« Kontakt mit dir aufnehmen möchte. Der Grund ist: Ich bin jetzt Referendarin an unserer »alde Schuel«, am Hebel-Gymnasium in Lörrach, wo ich nach dem Studium wieder wohne (oben auf dem Tüllinger, Blick auf die Wiese – Glück gehabt!). Deutsch, Geschichte, Kunst. Und in Hamburg wird in ein paar Wochen, Mitte Mai, eine Art Fortbildung angeboten, die ich gerne besuchen möchte. Privat eigentlich eher als dienstlich, mich interessiert das Thema einfach sehr. Da geht es um Kunst- und Theaterpädagogik. Künftig werde ich (und will ich auch) für die Theater-AG verantwortlich sein, da wird mir das guttun. Aber weil's nicht dienstlich ist, muss ich selber löhnen. Nun versuch ich, weil Fahrt und Kursgebühr schon recht üppig sind, ein möglichst günstiges Quartier zu bekommen. Ob du mir weiterhelfen könntest? Und bei der Gelegenheit würde ich dich gerne mal wiedersehen!

Bin nämlich schon auch neugierig, warum ausgerechnet du, der Kritiker, der ironische, der politische Jo, Theologe geworden bist. Das hätte ich nicht gedacht.

Also, vielleicht geht ja was – und wenn nicht, bin ich bestimmt nicht böse, dann versuch ich es eben anderswo … Und würd mich doch freuen.

Ganz herzlich aus dem Süden, Verena

Von: johannes.hitzig@theohh.com
Gesendet: 08.03.2018, 19.23
An: verena.haufe@vreneli.net
AW: Gruß und Bitte

Liebe Verena,

eben komme ich nach Hause, öffne meinen Account und finde deine Mail. Was für eine sehr schöne Überraschung! Natürlich erinnere ich mich an dich, du hattest auch – erlaub, dass ich das sage – eine sehr sanfte Stimme, die mir gut gefallen hat. Hast du in »Andorra« nicht die Barblin gespielt?

Wie auch immer. Kannst du mir genauer sagen, wann dein Fortbildungskurs stattfindet? Wenn ich das weiß, hör ich mich gerne um.

Das für heute. Hast mir eine Freude gemacht mit dem Signal aus der »Heimet« (die so ganz die »Heimet« nicht mehr ist – Hamburg ist eine wirklich besondere Stadt und ich fühle mich sehr wohl hier).

Nördliche Grüße, Jo

(Ach ja: Hier sagt auch alle Welt »Jo« zu mir!)

Von: verena.haufe@vreneli.net
Gesendet: 10.03.2018, 8.03
An: johannes.hitzig@theohh.com
AW: AW: Gruß und Bitte

Lieber Jo,
wunderbar – und sehr, sehr herzlichen Dank, dass du mich so
»mit offenen Armen« aufgenommen hast, virtuell jedenfalls.
Die Fortbildung »Kunst und Sprache« (zum »Blauen Reiter«
übrigens) findet vom 16. bis 19. Mai in der Hamburger Kunsthalle statt. Es geht früh los, um 9 Uhr, glaube ich, so dass ich
schon am Tag zuvor anreisen sollte, und ich werde am Sonntag
wieder fahren (das ist der Pfingstsonntag). Wenn ich es richtig
sehe, ist die Kunsthalle nicht allzu weit vom Hamburger Hauptbahnhof entfernt. Tatsächlich bin ich aber noch nie in Hamburg
gewesen, da kannst du mir vielleicht behilflich sein, den Weg
zu finden bzw. auch ein Quartier, um nicht zu weit entfernt
davon zu übernachten. Was meinst du?
    Danke nochmals, dass du mir helfen möchtest.
    Südliche Grüße, Verena

Von: johannes.hitzig@theohh.com
Gesendet: 11.03.2018, 5.15
An: verena.haufe@vreneli.net
Betreff: Deine Hamburgfahrt

Hallo Verena,
hab schon Antwort, und geht ganz leicht: Einer meiner WG-
Mitbewohner (also: Ich lebe in einer WG!) wird gerade in der
Woche, in der du nach Hamburg kommen möchtest, fort sein

(Er kommt aus der Lüneburger Heide, warum einer dorthin will, um »Urlaub« zu machen, entzieht sich meiner Phantasie ...), so dass du, wenn es dir recht ist, sein Zimmer haben könntest (mit Blick auf einen typischen Hamburger Hinterhof mit verrosteten Fahrrädern und einem ausgedienten Grill). Ich wohne in der »Strese«, die Wohnung liegt zwischen den Haltestellen Sternschanze und Holstenstraße (die S 21), von dort kommst du schnurstracks zum Hauptbahnhof – und die Kunsthalle ist tatsächlich nur um die 300 Meter vom Hauptbahnhof entfernt. »Wenn's da reät isch«, hol ich dich am Dienstagabend am Hauptbahnhof ab (Sag mir nur, wann du ankommst), zeig dir dein »Etablissement« und wir gehen Pizza, Pasta oder sonstwas essen auf der Schanze – die du ohnehin gesehen haben musst, wenn du wirklich in Hamburg gewesen sein willst (Jetzt komm ich mir schon vor wie einer dieser schnulzigen Waterkant-Stadtführer). O.k.?

Mit Vorfreude auf Besuch aus dem Dreieckland,
herzlich, Jo

Von: verena.haufe@vreneli.net
Gesendet: 14.03.2018, 17.33
An: johannes.hitzig@theohh.com
AW: Deine Hamburgfahrt

Lieber Jo,
wie cool ist das denn!!! Ich danke dir sehr, freue mich noch mehr, nehme die Einladung ins WG-Zimmer, zu Schanzen-Speis und -Trank und zur nicht-schnulzigen Stadtführung mit dem allergrößten Vergnügen an (War doch eine Einladung, oder?). Jetzt hätte ich gerade Lust, meine Zeit in Hamburg

noch um ein, zwei Tage zu verlängern. Hier in Ba-Wü sind dann ja Pfingstferien, das würde problemlos gehen. D.h., wenn das Zimmer dann noch frei ist und dein Kollege die Heide nicht über hat.

Ich komme am 15.5. um 17.54 Uhr auf Gleis 8 am Hauptbahnhof an (Wow, fast 8 Stunden Fahrt – war ich schon mal so lange unterwegs?); wenn du mich abholen magst, sehr gerne!

Ich freu mich sehr darauf, auf den Kurs, die Stadt und auf dich auch.

Von Herzen, Verena

So hat das angefangen mit uns. Ich muss ehrlich sein: Ich war sehr gespannt, und weil mir Verena damals, in der Schule, schon aufgefallen war, hab ich mir durchaus ein paar Tage voller Flirts und Interesse aneinander vorgestellt. Ohne den Wunsch zu haben und ohne irgendeine Ahnung, dass mehr daraus werden könnte als eine sehr leichte, sehr nette Begegnung zwischen alten Bekannten. Ich hatte einfach nur Lust, ihr und mir eine schöne Zeit zu bereiten.

Von: johannes.hitzig@theohh.com
Gesendet: 15.03.2018, 11.39
An: verena.haufe@vreneli.net
AW: AW: Deine Hamburgfahrt

Liebe Verena,
alles klar! Ich werde da sein. Geh am besten auf der Seite, wo die ganzen Essensstände und Imbissbuden sind, die Treppen

hoch – wenn du aus dem Zug steigst, nach rechts. Ich warte dann oben auf dich.

Ich bin ganz schön neugierig, was so aus dir geworden ist. Wenn du mir erzählst, wie's kommt, dass du wieder auf dem »Hebel« gelandet bist (aber die Seiten gewechselt hast), kriegst du auch zu hören, was mich zur Theologie bewogen hat. Mit Hebel hat's zu tun ... aber mit dem Menschen, nicht mit der Schule.

Wenn du magst, melde dich doch ein paar Tage, bevor du dich auf die Reise machst, dann klären wir noch die Einzelheiten. Ich denk mir mal ein kleines Stadtprogramm aus, damit du in Lörrach ein bisschen mit der Weltstadt protzen kannst.

Hab gute Tage bis dahin, und grüß *Feldbergs liebligi Tochter* mit einem herzlichen *Gottwilche!*, Jo

Von: verena.haufe@vreneli.net
Gesendet: 01.04.2018, 10.07
An: johannes.hitzig@theohh.com
AW: AW: AW: Deine Hamburgfahrt

Lieber Jo,
bitte entschuldige, dass du etwas auf Antwort warten musstest. Heute ist ja Ostern, und für die Schule heißt das halt doch, dass Österliches irgendwie zum Thema gemacht werden muss, mit ein paar Gedichten, mit Fausts »Osterspaziergang«, mit dem einen oder anderen Kunstwerk aus Renaissance oder Moderne – in einer Schule, die nach (Entschuldigung!) einem Pfaffen heißt, sowieso. Seit gestern sind Ferien, die ich wirklich gut brauchen kann. Da wende ich mich Vergnüglichem zu: also dir, der Reise zu den Fischköpfen und dem blau-reiterlichen Kurs

in der Kunsthalle. Wie ich mich (auf alle drei!) freue. Ich mag es, mich in einem geschützten Raum und in geschützter Zeit nur mit Kunst zu befassen und etwas zu lernen dabei, ich mag es, Städte kennenzulernen und mich von Fassaden, Denkmälern und »Sehenswürdigkeiten« beeindrucken zu lassen, und ich freue mich – schon ein bissl nervös – darauf, dich wiederzusehen, nach, wenn ich richtig gerechnet habe, gut neun Jahren.

Ein bisschen gerührt bin ich immer noch, dass ich dir im Gedächtnis geblieben bin (wenn du da nicht aus Höflichkeit oder Verlegenheit geschwindelt hast). Mal sehen, wie wir anknüpfen und einander »wiederfinden« (schöne Vorstellung eigentlich, klingt nur etwas pathetisch).

Anfang Mai melde ich mich nochmal.

Herzliche Grüße aus dem frühlingswarmen Markgräflerland, wo der *Chriesbaum* seine *Blätter treit, viel tausig Blätter grüen und frisch.* In Hamburg wird's ja – vorurteilsgemäß – nieseln.

Halt aus und durch, Verena

Von: johannes.hitzig@theohh.com
Gesendet: 01.04.2018, 14.22
An: verena.haufe@vreneli.net
Betreff: Chriesi und Niesel

Ne, ne, ne, liebs Vreneli, nix mit Niesel. Hier grünt's und blüht's auch angemessen österlich, anner Waterkant isses so nett als im Oberland! Aber ich lass dir gerne deine Vorurteile – umso genüsslicher werde ich sie dir bei der Stadtführung ausreden. Ich bin sicher, dass es dir hier sehr, sehr gefallen wird, selbst an grauen Tagen, von denen es an Alster und Elbe zugegebenermaßen mehr gibt als an Wiese, Kander und Rhein. Da hadern wir aber nicht: *loß es goh, wenn's gnueg isch, wird's scho anderst cho.* Hast du die Alemannischen Gedichte eigentlich immer noch so drauf wie früher, als du schier alle auswendig konntest? Mir war das immer ein bisschen unheimlich, besonders als du auf Rötteln einmal »Die Vergänglichkeit« rezitiert hast, mit einem Ausdruck, dass mir schwummrig wurde, und ohne Furcht, dass dich die Freundinnen und Freunde etwas schräg finden könnten. Alle Achtung, da bin ich heute noch beeindruckt. Kannst du mal sehen, wie sehr du mir im Gedächtnis geblieben bist!

Ein wenig in Sorge war ich tatsächlich, ob deine Fahrt überhaupt noch stattfinden würde, weil ich von dir nichts mehr gehört hatte. Das ist natürlich albern, du bist ja wohl auch kaum verpflichtet, mich regelmäßig mit deinen Zeilen zu erfreuen (was du nämlich tust). Umso schöner, dass nun alles klappen wird.

Sag mir noch geschwind, wie dein Tagesprogramm in der Kunsthalle sein wird, dann plane ich das hanseatische Sightseeing drumherum (samt Fähre, Franzbrötchen, Astra und Späti – was es halt so braucht). Und *Chriesi* find ich bestimmt auch für dich, die sind aber tatsächlich eher importiert – wie sich Hamburg ja gut versteht auf Handel und Wandel.

Auf bald – und herzlich, Jo

Von: verena.haufe@vreneli.net
Gesendet: 02.04.2018, 8.14
An: johannes.hitzig@theohh.com
AW: Chriesi und Niesel

Na, ich lass mich gern eines Besseren belehren, lieber Jo.

Der Kurs geht vom 16. bis 19. Mai, beginnt täglich um 9.30 Uhr und endet immer gegen 16.30 Uhr, mit einer Stunde Mittagspause zwischendurch. Wenn's für dich und bei euch geht, bleib ich tatsächlich zwei Tage länger! Kann ich gut einrichten.

Ich freue mich sehr darauf – aber: Sag nie, nie, nie »Vreneli« zu mir. Ich hasse diese volkstümelnde, nostalgische Hebel-Verehrung, auch wenn ich an der Schule arbeite, die seinen Namen trägt. Und ich bin sogar schon beim Hebelfest gewesen, vergangenes Jahr, 10. Mai, mit Morgenmusik, Hebel-Preis und Tänzen, mit »Vreneli« und »Hanseli«. Musste ich mal gesehen haben. Der Name meines Accounts hat sich aus einer üblen Laune ergeben, kurzzeitig fand ich's mal witzig, nun ist's einfach gewohnt. Aber kein Bekenntnis!

Mit sehr viel Vorfreude, Verena (!)

Es waren wunderbare Tage, zu zweit in Hamburg. Wir haben die Stadt erkundet, mit ihren Augen hab ich sie noch einmal entdeckt, jenseits des Touristischen. Verena war neugierig, stellte kluge Fragen, mochte mich und meine Stadt wirklich kennenlernen. Das hat sehr wohl getan und ein warmes Gefühl hinterlassen.

Von: verena.haufe@vreneli.net
Gesendet: 23.05.2018, 22.53
An: johannes.hitzig@theohh.com
Betreff: DANKE!

Mein lieber Jo,
die Zeilen, die ich dir jetzt zukommen lasse, habe ich schon
gestern im Zug begonnen, aber ich habe bis heute Abend gebraucht, um sie dir zu schicken. Nicht, weil ich nicht gewusst
hätte, was ich schreiben kann, sondern wie ich es schreiben
soll. Ich bin sehr bewegt von diesen Tagen im Hamburg – oder
besser: von diesen Tagen mit dir. Der Kurs war hervorragend
(mit ein paar nervigen Klugschwätzerinnen dabei, aber das ist
ja immer so), ich habe viel erfahren und versuchen können,
mein Ausdruck wird gewiss zupackender, treffender sein, wenn
ich künftig mit Schülern und Schülerinnen über Kunst, über Bilder, Skulpturen oder Gedichte spreche. Und die abendlichen
Gänge durch Hamburg, die Fährfahrt von den Landungsbrü-
cken aus und die »Reise« mit (wie du sagtest) der »legendären«
U3, die Speicherstadt, die erstaunliche Hafen-City – alles echte Stadt-Erlebnisse, die mich nachhaltig beeindruckt haben.
Besonders das Karoviertel hat mir gefallen (so könnt ich mir
vorstellen mal zu wohnen), und das Gängeviertel hat mich erschüttert, dieser Blick in die Elendsgeschichte der Stadt.
  Das alles – und was ich jetzt gar nicht aufzählen kann, weil
es so viel war (Elbterrassen, Frühstück in Wandsbek, das Hin-
terzimmer-Café in der Deichstraße …) – war eindrücklich und
entdeckungsreich. Aber beglückend, wundervoll war die Begegnung mit dir. Dafür finde ich kaum Worte: Du warst so aufmerksam, vom ersten Augenblick an. Weißt du, wie schön das
ist, wenn der Begleiter durch die Stadt nicht nur sein Wissen
und seine Sicht auf Straßen, Plätze, Gebäude loswerden will,

sondern genau hinhört und den Fragen derer, die er an die Hand nimmt, allen Raum gibt?

Mich hat begeistert, dass du zu jeder Mittagsstunde vor der Kunsthalle gestanden bist, um mich zu einer neuen Mahlzeit (türkisch, afghanisch, Thai – weiß gar nicht mehr, woher der Geschmack und die Düfte kamen) einzuladen, mich hat ergriffen, mit welcher Andacht du die St. Petri-Kirche betreten hast (dabei war es dir gleich, ob ich diese Andacht teilen würde, für dich war's eben richtig – aber ich hab sie geteilt), und mich hat berührt, dass die Orte, die du mir gezeigt hast, auch von dir sprechen. Nicht nur von deiner Leidenschaft für die Hansestadt, sondern von deinem Weitblick, deiner Weltläufigkeit, deinem sensiblen Empfinden für Geschichte, Bilder, Ereignisse.

Als ich dich als Schülerin zwei Klassenstufen unter deiner kennengelernt habe, warst du halt der nette, aufgeschlossene, recht coole Abiturient – du bist mir irgendwie im Gedächtnis geblieben. Jetzt habe ich dich neu, ganz anders gefunden, jetzt spüre ich so etwas wie eine sanfte Verbindung, ein Verstehen zwischen dir und mir. Fast bin ich ein wenig erschrocken über mich selbst, dass ich dir mein Gefühl, meine Stimmung so ungeschützt mitteile, es ist sonst nicht meine Art, mit meinem Befinden hausieren zu gehen. Ich hoffe, du erschrickst nun deinerseits nicht.

Weißt du, ich bin sehr unsicher gewesen, ob ich mich dir ›offenbaren‹ sollte. Vielleicht ist es dir ja gar nicht gleich ergangen, hast du mir nur deine ausgefeilte Gastfreundschaft angedeihen lassen, war ich dir eben willkommen wie eine alte Bekannte aus – zum Glück – längst vergangenen Schultagen. Aber diesen Eindruck hatte ich nicht wirklich, ich hatte das Gefühl, dass dir an mir etwas gelegen ist.

Meine Güte! Ich schreibe das mit hochrotem Kopf und zittriger Hand, was du zum Glück weder siehst noch merkst, weil ich vor dem Bildschirm sitze und meine Tastatur traktiere. Lieber wäre ich bei dir, auf irgendeiner Bank an der Außenalster, um es dir persönlich, von Angesicht zu Angesicht zu sagen; aber vor meiner Abfahrt gestern hab ich das nicht gewagt. Unser Abschied war sehr herzlich, das hat mir für diese Zeilen Mut gemacht.

Was daraus werden wird, lieber Jo, das weiß ich nicht. Freundin und Freund? Das wäre doch fürs Erste schon ganz viel. Aber was rede (schreibe) ich: Du hast mir noch nicht mal geantwortet und ich komme schon ins Schwärmen. Vielleicht nerve ich dich bloß, dränge ich mich auf. Du hast – wie du nebenbei gesagt hast – keine Beziehung, es tut dir gut – meintest du – allein zu sein, dich deiner Promotion zu widmen, zu studieren, ab und zu ein Gedicht zu schreiben (Da fällt mir ein: Du hast mir keines gezeigt) und ganz so in den Tag hinein zu leben, wie es gerade passt und sich ergibt. Da stört die Landpomeranze vom Rheinknie vielleicht nur. Glaub mir, ich würde das verstehen – ich wollte dir nur gesagt haben, wie es um mich steht. Ob ich ›verliebt‹ bin, kann ich dir nicht sagen, das ist ein so wohlfeiles Wort. Du hast mich eben angerührt und ich hab mich dafür aufgetan.

Nun weißt du es, Jo. Leicht ist mir das nicht gefallen, und wahrscheinlich braucht es noch ein paar Minuten, bis ich den »Senden«-Button anklicke, aber das werde ich auch noch tun. Weil du es mir wert bist und weil ich es mir wert bin.

Wenn du mir nicht mehr schreiben magst, weil ich dir zu nahe rücke, sag es mir bitte einfach kurz, damit ich nicht grübeln muss.

Sei – wie beim Abschied von Hamburg gestern – umarmt, Verena.

Ich war verliebt, Tobias, bis über beide Ohren, aber nicht in dieser romantischen Variante, die nur alles schönmalt und die Sehnsucht kaum aushält. Und vor der du mich eh gewarnt hättest. Ich war »nüchtern verliebt«, wenn du verstehst, was ich meine. Verena hat mich beeindruckt, sie ist klug und schön, hat eine sprechende Stille an sich und ein glänzendes Lachen, aber was mich wirklich berührt hat, ist, dass wir einander begegnet sind und dabei ganz einfach nur die waren, die wir sind. Da gab es keine Verstellung, keine Masken. Es war schlicht nicht nötig, mehr oder anders sein zu wollen, als wir jeweils sind. Das hatte ich so noch nicht erlebt. Verena hat mich nachhaltig bewegt, nicht durch eine besondere Eigenschaft, ein bestimmtes Verhalten, nicht durch ausnehmende Freundlichkeit oder ihre Gestalt – durch ihr So-Sein, ihr Da-Sein. Das klingt nun auch etwas philosophisch, fürchte ich, aber dafür habe ich nun mal ein Sensorium, ein Gespür.

Von: johannes.hitzig@theohh.com
Gesendet: 24.05.2018, 0.17
An: verena.haufe@vreneli.net
AW: DANKE!

Meine liebe Verena,
von einem langen Tag in Fakultät und Bibliothek bin ich sehr, sehr müde und eigentlich habe ich meinen Mail-Account nur aus Gewohnheit noch geöffnet – um deine Mail darin zu finden. Ich kann nur kurz antworten, aber will es unbedingt tun, damit du eine Nachricht von mir hast und ›beruhigt‹ bist. Verena, ich habe das, was du beschreibst, gerade so gespürt. Und ich bin dir sehr dankbar, dass du damit nicht hinterm Berg hältst, das

nimmt mir etwas von der eigenen Unsicherheit, macht mich frei und froh, dir zu sagen, dass die Begegnung mit dir ein Glück war und dass ich gerne mehr davon erleben möchte.

Wie, wann, wo – das lass uns in Ruhe bedenken. Ich lass es mir für heute genug sein, dass wir uns auf diese Weise getroffen haben und dass wir uns als ›Verliebte‹ (Ich habe nichts gegen das Wort!) wiederbegegnen können, wenn wir es zulassen und möchten.

Wenn du das noch liest, hab eine gute Nacht; sonst einen heiteren Tag, wenn du meine Antwort erst nach dem Aufstehen entdeckst.

Ich umarme dich ebenso, dein Jo

Von: verena.haufe@vreneli.net
Gesendet: 24.05.2018, 6.19
An: johannes.hitzig@theohh.com
AW: AW: DANKE!

Danke, lieber Jo, danke! Ich bin erleichtert und beglückt! Und aufgeregt …

Auf bald, deine Verena

Von: verena.haufe@vreneli.net
Gesendet: 25.05.2018, 17.44
An: johannes.hitzig@theohh.com
Betreff: Warten

Mein lieber Jo,
nochmals danke ich dir zutiefst, dass du auf meine ›Avancen‹
so zustimmend, mich willkommen heißend reagiert hast. Ich
konnte gestern lange nicht einschlafen, war dann sehr erschöpft und bin in einen unruhigen Schlaf hineingedämmert,
der sehr früh zu Ende war, dann habe ich nach den Mails gesehen – also nach einer ganz bestimmten –, die rechte gefunden
und konnte den Tag geradezu beschwingt beginnen. Meine
kurze Reaktion hast du ja bekommen.

Heute war viel für die Schule vorzubereiten, ich hatte einen
Termin mit zwei Kolleginnen, darum komme ich jetzt erst zum
Schreiben. Aber ist auch gut so, ich will nicht in Eile und Hektik
verfallen, so gerne ich dir jede Stunde schreiben und jede Minute etwas von dir hören wollte. Doch dieses Gefühl – ›unser
Gefühl‹, darf ich das sagen? – will Zeit haben, will sich entfal-
ten können. Glaube ich.

Natürlich wüsste ich gerne, wie es mit uns weitergeht. Aber
ich warte auch, was sich entwickeln mag, und ich will mich
dir nicht aufdrängen. Was, wenn 800 Kilometer zwischen zwei
Menschen liegen, auch gar nicht so leicht wäre. Wir haben
beide unsere Berufe, sind eingesponnen in unsere Netzwerke,
leben mit ganz unterschiedlichen Menschen zusammen, da
werden wir nicht einfach aufeinander zufliegen können. Wir
haben uns entdeckt, aber kennen unsere Unterschiede kaum.

Ach je, jetzt schreib ich schon so, als wäre es ausgemacht,
dass wir einmal mehr als diese ›Verliebtheit‹, ein paar gemeinsame Tage in deiner Stadt und lose Erinnerungen an die eher

neben- als miteinander verbrachte Schulzeit teilen werden. So voreilig fühle und denke ich aber nicht. Wie gesagt: Ich warte – und wo es uns gegeben ist (Von wem eigentlich gegeben, kommt da Gott bei dir, dem Theologen, ins Spiel?), ein wenig Hand anzulegen und zuzugreifen, da möchte ich's für meinen Teil sehr gerne tun.

Siehst du, ich gehe doch schon recht vernünftig mit ›unserem Gefühl‹ um, findest du nicht? Das wird auch angemessen sein: Wir haben einander entdeckt, aber wir wissen kaum etwas voneinander. Zum Beispiel weiß ich immer noch nicht, warum dich die Theologie so fasziniert; und wir haben uns viel über Kunst unterhalten, über unsere Vorlieben und über das, was in Hamburg an Kunst angeschaut werden kann, aber du hast mich nicht gefragt, was mich zum Pädagoginnen-Dasein motiviert. 'S git no viel zum Lehre und zum Staune, gell?

Während wir warten, was werden mag, können wir damit doch schonmal beginnen!

Sehr von Herzen, deine Verena

(Und wenn du es so formal nicht willst: die richtig guten Freunde nennen mich »Vera« – aber niemals nicht »das Vreneli«)

Von: johannes.hitzig@theohh.com
Gesendet: 27.05.2018, 11.52
An: verena.haufe@vreneli.net
Betreff: Vera

Dann will ich das auf jeden Fall schon mal sein: ein richtig guter Freund. Und nenne dich:

Liebe Vera,

oder sehr gerne, wie sich's eingeschlichen hat:

Meine liebe Vera,

danke für deine ›vernünftigen‹ Zeilen, die ich sehr einleuchtend und hilfreich finde. Was nun etwas unterkühlt klingt, aber so ist es nicht gemeint. Ich glaube, dass wir mit dem Zuwarten dieses neue Band zwischen uns wirklich wertschätzen und dass wir dem Raum geben, was da – vielleicht und hoffentlich – wachsen will. Ich habe mit ›schneller Freundschaft‹ keine guten Erfahrungen, und mit ›schneller Verliebtheit‹ gar keine – und will da auch keine schlechten machen. Du sprichst mir aus dem Herzen, wenn du zur Geduld mahnst (Oha, was für ein frommer Satz. *Doch wandle du in Gottisfurcht! I rot der, was i rote cha.* Und das ist jetzt echt ganz und gar ironisch gemeint – zum Hebel komm ich noch …). Fürs Erste freu ich mich einfach unbändig, dass wir einander begegnet sind und wie lebens-lustig diese Tage waren, so eine erfreuliche Zweisamkeit, so einen Gleichklang habe ich lange, lange nicht mehr erlebt. Ich danke dir sehr, liebe Vera, dass du dich nicht zurückgenommen hast, dass du so neugierig warst – auf die Stadt, gewiss, aber auch auf mich. Als wir einander im Männer-WG-Bad begegnet sind (peinlich eigentlich), hast du nur herzhaft und ohne Scham gelacht, und auch der dritte Regentag hat dir die Stimmung nicht verdorben. Es sind gerade tausend Dinge, die mir vor Augen stehen und mit denen du mich für dich eingenommen hast.

Warten also, geschehen lassen, und hier und da etwas dazulegen, wenn wir das mögen und wenn es sich ergibt. Ich ergänze vielleicht noch: nichts erwarten voneinander, damit wir uns gegenseitig nicht enttäuschen, sondern offen bleiben für des anderen, der anderen Art und Ansicht, Stimme und Schweigen. Wie ich's die Tage mit dir immer wieder getan habe: Ich will für das Staunen offenbleiben und mich von dir überraschen lassen. Ja?

Die Antwort auf die Frage, was mich zur Theologie verschlagen hat, ist ganz schön kompliziert – oder ganz einfach. Um das Komplizierte anzudeuten: Das war ein ziemlich anstrengender Prozess. Eigentlich war mir vor dem Abi völlig klar, dass ich etwas mit Literatur, Soziologie oder Psychologie studieren würde, aber dann meinte ich zu verstehen, dass diese Disziplinen wohl ganz hervorragend Fragen stellen können, aber ein paar grundlegende Antworten schuldig bleiben. Sie beschreiben das Sinnlose oder Sinnhafte sehr eindrücklich, aber ob dieses Große-Ganze, Welt und Mensch, überhaupt einen Sinn hat, dazu äußern sie sich nicht oder nur sehr verhalten. Das ist redlich und bescheiden, da wissen sie um ihre Grenzen – aber ich habe nach tieferen Erkenntnissen gesucht. Darum standen die Philosophie und die Theologie zur Debatte.

Und was hinzukam oder mich umgetrieben hat: Es war genau die Zeit, in der mein (schwieriger) Vater erkrankte und ziemlich rasch verstarb. Sein Tod hat mich sehr erschüttert, weil so viel offen geblieben war zwischen uns beiden; trotzdem war ich gerade in seinen letzten Tagen ein Gesprächspartner für ihn. Ich war aber damit überfordert, ihm auf seine ängstlichen Fragen nach Sterben und Tod tröstliche Antworten zu geben. Vielleicht wäre das für jeden Sohn, jede Tochter zu anspruchsvoll gewesen – aber wir hatten uns jahrelang angeschwiegen und nun blieb ich immer noch stumm, unfähig, ihm irgendetwas Hilfreiches mit auf den Weg zu geben. Das wollte und das will ich nicht mehr erleben, will niemanden mehr sprachlos verlieren.

Schließlich ist es eine Entscheidung eher aus dem Bauch heraus, oder besser: mit Herz und Hirn, geworden. Wie es sich für den Hebel-Schul-Schüler gebührt, stand irgendwo daheim das »Schatzkästlein« herum. Eher absichtslos, aber mitten in der Phase, in der ich klären wollte, was ich angehen mochte, hab ich darin herumgeblättert und bin an ein paar feinen, kleinen Erzählungen hängen geblieben. Lies mal nach, wenn du magst (Ich setze darauf, dass die Hebel-Schul-Lehrerin eine Ausgabe zuhause hat!): »Gutes Wort, böse Tat«, »Die Bekehrung« oder in den Kalendergeschichten von 1814 »Der fromme Rat« (kann ich dir gerne schicken). Es hat mich einfach getroffen, wie einer – Direktor des Gymnasiums, Kirchenrat, Biedermann und Prälat – so humorvoll und liberal, mit so weitem Herzen und wachem Verstand, mit Schalk und Menschenliebe Theologe sein konnte. Ich hab dann alles, alles von ihm gelesen, die Briefe, die etwas spröden Predigten, die sehr erzählerischen, zeitgenössischen und durchaus kritischen Biblischen Geschichten (wo er den Elia etwas infrage stellt und sogar Jesus ein bisschen rupft) – und die Alemannischen Gedichte (die ja eigentlich dir gehören: *Jo, friili willi, jo!*) natürlich auch, und nicht nur die, die zum gymnasialen Kanon gehören. Dieser weltzugewandte Hebelgeist hat mich in seinen Bann gezogen. Wenn jemand, dacht ich mir, auf diese unaufgeregt-unverkrampfte Weise Theologe sein kann, dann könnte das etwas für mich sein. So war die Entscheidung, Theologie zu studieren, an sich ganz einfach, im Hebel-Gefolge, im Hebel-Ton.

Das Studieren selber hat mich dann weit fort von ihm geführt, heute stellen sich andere Fragen, andere Themen sind relevant geworden, aber seine Haltung, sein Weltvertrauen und seine Liberalität haben sich mir eingeprägt. Na, und nun ist es so weit gekommen, dass ich hier an der Fakultät Mitarbeiter bin und promoviere, gewiss nicht zufällig über einen Zeitgenossen Hebels, der seine Menschenliebe mehr durch die Tat als durchs Wort lebte: Friedrich Oberlin.

Doch Vera, bitte entschuldige, jetzt ist der Schwätzer im Theologen mit mir durchgegangen. Ich will dich mit meinen hehren Sentenzen bestimmt nicht langweilen. Aber du hattest ja gefragt – und einen Theologen darfst du nicht nach seinen Identitäten fragen. Da kommt er nicht zum End.

Mach ich aber jetzt: zum Ende kommen. Ich bin zuversichtlich, dass wir noch viel, viel Zeit haben werden, voneinander zu hören, uns auszutauschen und immer mehr voneinander zu wissen. Darauf freue ich mich sehr. Und denk dran: Wir haben einen Handel – du erzählst mir nun, warum du Pädagogin geworden bist, und das auch noch am »Hebel«.

Gerade so von Herzen, dein Jo

Von: verena.haufe@vreneli.net
Gesendet: 29.05.2018, 18.12
An: johannes.hitzig@theohh.com
AW: Vera

Mir lieb gewordener Jo,
sei so ausführlich, wie du magst! Ich genieße es, dir – sozusagen – zuzuhören; wenn du erzählst, höre ich deine Stimme dabei und weiß, bei welchen Sätzen du lächelst und bei welchen du die Stirn runzelst. Es fühlt sich sehr vertraut an. Danke, dass du mir deinen Weg zur Theologie aufgezeigt hast – mich

wundert, dass ich dich in Hamburg nicht danach gefragt habe; aber wir waren uns wohl von Anfang an fraglos verbunden. Und es gab ja so viel anderes zu bestaunen und zu entdecken.

Nebenbei: In Lörrach gibt es (Spitalstraße) tatsächlich einen Oberlin-Kindergarten, in den ich mutmaßlich auch gegangen bin, als ich Kind war …

Vom Tod deines Vaters hab ich tatsächlich nichts gewusst, scheinbar hat sich das damals nicht herumgesprochen, wo doch eigentlich alles in Windeseile durchs Tal geht, was die Leute bewegt und zum Geschwätz Anlass gibt. Es tut mir sehr leid, wenn ich das jetzt lese, du musst damals sehr allein gewesen sein und in großer innerer Not. Dass gerade der Hebel, den ich ab und zu für einen Leichtfuß gehalten habe, dir geholfen hat, die Entscheidungen für deine Zukunft zu treffen! Da muss ich wohl wirklich einmal genauer hinsehen – die Texte nehme ich natürlich sofort zur Hand!

Meine Geschichte ist etwas schnörkelloser und wohl vom Zufall bestimmt: Dass ich Lehrerin werden wollte, stand schon ganz früh fest. Die Schlotterbeck (Hast du sie noch gekannt?) war mir ein Vorbild, sie hatte einen Blick für uns Einzelne, für besondere Gaben und unsinnige Überforderungen, sie hat versucht, uns ernst zu nehmen und zu fördern. Ihre Fächer: Deutsch und Geschichte – was ich dann auch (in Freiburg) studiert habe. Dass ich am »Hebel« eingesetzt wurde, nachdem ich das Referendariat beantragt hatte, hat irgendwer entschieden, den ich nicht kenne. Ist ja im Leben öfter mal so, dass einer das Sagen hat und dich nicht kennt und doch genau das geschieht, was stimmt und passt, aber du selber hast es vorher nicht gewusst.

Für mich ist es genau das Richtige, zu keiner Zeit hab ich's bereut, in die »Heimet« zurückzukehren, auch wenn die Weltstadt auf der anderen Seite der Grenze liegt. Immerhin kann ich von der Tüllinger Höhe aus drauf runterschauen. *Weiht nit d'Luft so mild und lau, und der Himmel isch so blau an mim liebe Rhi!* Aber: Keine Heimatduselei, das hab ich ja schonmal geschrieben. Ich bin tatsächlich nicht viel herumgekommen, hab nicht viel erlebt, wie andere, die es gar nach Hamburg verschlagen hat. Ich hab's bis heute nicht vermisst, bis heute, da ich dich vermisse. Jetzt fühl ich mich meiner kleinen Welt hier im Oberland enthoben, jetzt kann ich mir vorstellen, woanders neu zu beginnen, und wäre wunderfitzig genug dazu. Aber ich will nicht unbescheiden sein, mir geht es gut hier, ich fühl mich bei den Leuten, zwischen diesen Bergen, in dieser Sprache zuhause.

Was sonst noch werden mag, sehen wir.

Sehr herzlich und mit einem Lächeln grüß ich dich, deine Vera

So waren wir auf Distanz miteinander verbunden. Ich habe das sehr genossen. Darin konnte ich mich einfinden – und eigentlich war es mir auch genug. Ich habe mir vorgestellt, Verena ab und an zu treffen, unsere Beziehung zu vertiefen und sie gelten zu lassen für immer genau die Zeit, in der wir zusammen sein würden. Vielleicht, Tobias, geht dir durch den Kopf, womit du völlig recht hättest: Diese Art der fernen Nähe und nahen Ferne hat mir keine Angst gemacht; das war ohne Forderung und Verpflichtung, das hat mich nur Aufmerksamkeit gekostet, aber keine Veränderung. Darin konnte ich mich einrichten, und ich habe es auch gerne getan.

Von: verena.haufe@vreneli.net
Gesendet: 24.06.2018, 21.38
An: johannes.hitzig@theohh.com
Betreff: ?

Lieber Jo,
ich bin sehr, sehr in Sorge! Es sind nun bald vier Wochen, dass ich nichts von dir gehört habe. Hab ich dich mit irgendetwas verletzt? Bist du krank geworden? Oder bin ich dir wieder fremd geworden? Hast du das Interesse an mir verloren und war das, was wir ›Verliebtheit‹ genannt haben, doch nur ein Strohfeuer?

Das kann alles sein, und zu jeder Distanz zu mir hättest du doch alles Recht. Ich klage nichts ein und erwarte nichts (Du hast betont, dass es gut sei, nichts zu erwarten). Aber ich wäre dir sehr, sehr dankbar, wenn du mir einen kleinen Hinweis gibst, damit ich die Stille einordnen kann, damit ich weiß, woran ich bin.

Bitte: Gib mir Bescheid, Vera

Von: johannes.hitzig@theohh.com
Gesendet: 25.06.2018, 9.02
An: verena.haufe@vreneli.net
Betreff: Verzeihung, Abbitte

Meine liebe Freundin, liebe Vera,
o Gott, was hab ich angerichtet! Es tut mir unendlich leid, dass ich dich so im Ungewissen gelassen habe, dass du warten musstest. Die Gründe dafür sind beschämend profan: Ich

hatte – habe noch – einfach zu viel zu tun und bin kaum aus der Bibliothek herausgekommen. Seminare waren nach- und vorzubereiten, als Mentor führe ich Gespräche mit Studierenden, die ihren weiteren Studienweg bedenken möchten (oder sollen), der Herr Oberlin, über den ich promoviere, brauchte etwas erhöhte Aufmerksamkeit: Es ist ein neues Buch über ihn erschienen, da musste ich prüfen, ob das meine Dissertation infrage stellen würde – tut es nicht, ist eher ein Roman als ein Sachbuch. Aber aufregend war dieser Umstand schon. Aber du willst sicher keine Entschuldigungen hören, weil du dich – mit Recht – fragst, was du mir wohl bedeutest, wenn ich so lange Zeit schweigen kann. Bitte sei mir nicht böse – und danke, dass du nachfragst und mich nicht einfach zur Seite legst, was ich gut verstehen könnte.

Sei gewiss, dass sich mein Gefühl für dich nicht verändert hat. Jeden Tag habe ich an dich gedacht und mich zu dir gewünscht, ins Oberland, an die Wiese, aber dann war der Arbeitsdruck immer mächtiger – und abends war ich zu erschöpft, um mich noch zu regen!

Darf ich Abbitte leisten?

Auf zweierlei Weise möchte ich das gerne tun:

Zum Ersten schick ich dir ein Büchlein zu, dass ich dieser Tage bei einem kurzen Gang durch die Stadt entdeckt habe. Du erinnerst dich vielleicht: In der Rathauspassage, unter dem Rathausmarkt, gibt es dieses Antiquariat der Diakonie, dass ich en passant immer mal wieder besuche. Dabei habe ich schon manches Buch entdeckt, das preiswert genug war, um es einfach mal so mitzunehmen – und vergangene Woche gleich zwei. Kaum zu glauben: Hebel in Hamburg! Hier ist ja eigentlich der Wandsbeker Bote der literarische Lokalheilige. Dennoch habe ich gleich zwei Ausgaben von Hebels »Briefen an Gustave Fecht« gefunden – eine schicke ich dir. Das wollte ich ohnehin, und nun sei das Büchlein ein Zeichen meiner Zerknirschung.

Gustave Fecht war Johann Peter Hebels Fast-Verlobte; alle, die die beiden damals kannten, dachten wohl, dass sie zusammenkämen und heiraten würden. Immerhin war sie eine ehrbare Anwärterin auf die Pfarrfrauenkarriere und er eine nicht zu verachtende Partie. Geschehen ist es nie, aber Freund und Freundin sind sie geblieben. Köstlich ist Hebels Sprachwitz, seine humorvolle Phantasie in diesen Briefen, Gustave wird öfter gelacht haben, wenn sie seine Schreiben las. Übrigens gab's auch da schon lange Wartezeiten zwischen einer Post und der anderen ... aber damals wurde auch noch nicht elektronisch kommuniziert, Hebel musste sich an Kutschfahrpläne und Boten halten. Also: keine Entschuldigung, nur die freundliche Bitte um Nachsicht!

Zum Zweiten: Ende Juli, Anfang August habe ich ein paar Termine in deiner Nähe. Ich muss zu einem Symposium nach Basel, wahrscheinlich fahre ich für zwei Tage nach Zürich, um auf Johann Caspar Lavaters Spuren unterwegs zu sein, mit dem Oberlin korrespondierte, und nach Emmendingen möchte ich, wo Oberlin vermutlich mit Cornelia Schlosser, Goethes Schwester, bekannt war. Etwas Lektüre und Arbeit nehme ich mit – aber auch viel, viel Zeit, die ich gerne mit dir verbringen möchte. Ist's noch so, dass sich vom Tüllinger Berg aus das Bundesfeier-Feuerwerk über Basel beobachten lässt? Früher bin ich zwei-, dreimal dort gewesen, das war ein kleines Volksfest. Darauf hätte ich große Lust – machen wir das zusammen?

Liebe Vera, mich bedrückt es sehr, dass ich dich so lange ohne Lebenszeichen gelassen habe. Es war nicht meine Absicht, dich zu verletzen; und an meiner Nähe zu dir hat sich nichts geändert. Wollen wir es noch einmal versuchen?

Fragt bang und grüßt weiter verbunden, dein Jo

Oder, um's ganz freundlich mit Hebel zu sagen: *Ich emp-
fehl's der Sonne alle Morgen, dass sie Ihnen recht freundlich
scheinen soll.*

Von: verena.haufe@vreneli.net
Gesendet: 28.06.2018, 14.55
An: johannes.hitzig@theohh.com
AW: Verzeihung, Abbitte

Ach, lieber Jo,
ein wenig Zeit habe ich gebraucht, aber jetzt sage ich mit
Nachdruck: Alles gut! Natürlich kann ich und muss ich verstehen, dass deine anderen Pläne und Verpflichtungen bedeutsam sind und in der Hitze der Tage eben manchmal auch wich-
tiger als unsere ›Beziehung‹, von der wir ja nicht einmal wissen,
wie tief sie geht und welche Zukunft sie haben kann. Ich will
mich etwas mehr in Geduld üben und bitte dich, mir ab und
zu ein kleines Zeichen zu geben, damit ich mir keine Sorgen
machen muss, ob du gesund bist und ob du noch ›bei mir‹ bist.
Ich habe keine Rechte an dir und darf nichts erwarten, das ist ja
klar. Mir gelingt es wohl nicht so gut, mich auf das Naheliegen-
de zu konzentrieren, wenn es Aufmerksamkeit fordert. Dass du
das kannst, ist doch eine Gabe.
   Auf Hebels Briefe freue ich mich sehr, noch habe ich sie
im Briefkasten nicht gefunden, aber ich bin wirklich sehr gespannt und neugierig. Habe ich es richtig verstanden, dass
du auch ein Exemplar des Buches hast, so dass wir es quasi
zusammen lesen können? Der Gedanke gefällt mir.
   Wunderbar und fast ein wenig aufregend ist die Aussicht,
dich in knapp vier Wochen leibhaftig zu sehen, deine Nähe zu

spüren, dir in die Augen zu schauen. Ja, bitte komm nach Lörrach, dann sind ohnehin Ferien, ich habe Reisepläne erst für den September, also viel, viel Zeit, die ich liebend gerne mit dir verbringe. Und – ich sag das mal ganz vorsichtig – wenn du magst, kannst du auch bei mir übernachten, ich habe Platz genug, eine bequeme Schlafcouch und mag Gäste. Aber wahrscheinlich willst du zu deiner Mutter nach Schopfheim, oder?

Du siehst also, mein Lieber, die Abbitte kam an und wurde entgegengenommen – es ist alles halb so schlimm, wenn ich jetzt zurückschaue. Aber ich schaue lieber nach vorn und freue mich schon jetzt sehr auf deinen Besuch und mögliche Begegnungen. Zum 1. August, wenn du da bist, lass uns auf den Tüllinger gehen und wenn das Wetter passt, durch die Weinberge nach Riehen hinunter spazieren, wir können zum Isteiner Klotz fahren oder ins Kandertal, vielleicht gibt es ja ein paar Orte, die du gerne einmal wiedersehen möchtest. Schon mach ich Pläne … Komm erstmal, dann sehen wir weiter; schön wird die Zeit sein, die wir nur für uns haben.

Sei umarmt, deine Vera

Von: johannes.hitzig@theohh.com
Gesendet: 28.06.2018, 20.19
An: verena.haufe@vreneli.net
AW: AW: Verzeihung, Abbitte

Liebe, liebe, weitherzige Vera,
ich bin durchaus erleichtert, dass du mir nicht allzu sehr gram bist. Doch, du hättest das Recht dazu, ich bin unaufmerksam gewesen. Wie schön, dass wir nun Pläne haben miteinander. Was wir ansehen, wo wir ein paar Schritte gehen, hat für mich

gerade weniger Bedeutung – ich freue mich einfach unglaublich auf Tage mit dir. Deine Einladung, bei dir zu übernachten, nehme ich, wenn es keine Umstände macht, sehr gerne an. Bei meiner Mutter werde ich vorbeischauen, aber ich bin lieber unabhängig von ihr. So richtig viel haben wir uns leider nicht mehr zu sagen, seit mein Vater gestorben ist.

Nun spür ich, wie ich ungeduldig werde, ich würde lieber heute als morgen losfahren, denn *ne freudig Stündli* (mit dir), *isch's net e Fündli?* Doch, ist es, ich kann es kaum erwarten.

Ich melde mich ein paar Tage vorher, ankommen werde ich wohl am 31.7. und Zeit haben bis zum Ende der Woche oder vielleicht noch etwas länger. Bis dahin muss ich mich nochmal in meinen Projektaufgaben vergraben – seh mir bitte nach, dass ich mich wieder eine Weile nicht rege, ich schiebe sehr viel Arbeit vor mir her. Darin und dazwischen hast du immer deinen Platz, indem ich an dich denke; aber wegen der Menge der Geschäfte darf ich mich nicht so sehr ablenken lassen. Du wirst es verstehen, glaube ich.

Hebel schreibt mal (in seinen Briefen an Gustave): *Haben Sie tausend schönen Dank für Ihren Brief. Sie verstehn die Kunst, einem das Angenehmste noch angenehmer zu machen. Lang warten lassen, macht guten Appetit.*

So muss ich's jetzt halten, mit dem Warten-Lassen, aber dann wollen wir's genießen!

Sehr von Herzen und dankbar, dein Jo

Von: verena.haufe@vreneli.net
Gesendet: 30.06.2018, 10.27
An: johannes.hitzig@theohh.com
AW: AW: AW: Verzeihung, Abbitte

Mein lieber Jo,
machen wir es so. Da ich nun weiß, dass es nicht Vergesslichkeit oder böser Wille ist, wenn du still bist, sondern die Fülle deiner Arbeit (und das dazugehörige Pflichtbewusstsein), kann ich die nötige Geduld schon aufbringen.

Sag mir Bescheid, wann genau du ankommst, ich hole dich gerne vom Badischen Bahnhof ab, dann musst du die S-Bahn-Schleife nicht drehen. Und ich finde, es hat immer was, kurz im ›Ausland‹ zu sein, um jemanden willkommen zu heißen.

Arbeite fleißig und nicht zu viel – *grad fürsi goht's in Müßigkeit mit stillem Sinn in Pflicht und Recht.* Ich habe auch noch dies und das zu tun, bevor das Schuljahr zu Ende gegangen ist; das alles wird nun begleitet von Vorfreude.

Auf bald, mit etwas Ungeduld, deine Vera

Von: johannes.hitzig@theohh.com
Gesendet: 23.07.2018, 11.32
An: verena.haufe@vreneli.net
Betreff: Ankunft

Liebe Vera,
16.35 Uhr auf Gleis 3. Dass du mich am Badischen Bahnhof abholst, ist sehr, sehr nett! Ich mochte es immer, durch den Zoll zu gehen, mit den breiten Wartebänken, auf denen eigentlich nie jemand saß, aber sie hatten etwas von einem 40er-Jahre-Film,

von Melancholie und ein wenig Verlorensein: Warteräume sind Sehnsuchtsräume.

Bald – das wünsche ich mir – schließen wir uns in die Arme. Ich habe – wie empfohlen – fleißig gearbeitet und bin nun fast ganz frei. Vielleicht magst du mit nach Emmendingen fahren? Wir werden sehen. *Halten Sie (noch) fein gute Zucht* in Ihrer Schule (Brief vom August 1792) für die letzten zwei, drei Tage.

Auf bald, mit sehr viel Ungeduld, dein Jo

Von: verena.haufe@vreneli.net
Gesendet: 23.07.2018, 12.03
An: johannes.hitzig@theohh.com
AW: Ankunft

Ich werde da sein und warten. Der Zug darf ruhig ein wenig Tempo machen und früher einfahren, damit mir die Zeit bis zu dir nicht zu lang wird. Sieben Tage noch – es muss bestanden sein!

Deine Vera

Es ist nicht falsch, lieber Freund, wenn ich behaupte, dass die wenigen Tage mit Verena die bisher schönste Zeit meines Lebens waren. Nur als Kind habe ich mich so ganz in meiner Welt, so rundum stimmig gefühlt, mit den Füßen in der kalten Wiese, winters auf Skiern den Hang hinunter oder wenn mein Vater mir am Abend das »Kalte Herz« vorlas, weil ich es wieder und wieder hören wollte. Das ist nicht Nostalgie,

Tobias! Ich spreche vom unmittelbaren Im-Leben-Sein, von der Abwesenheit aller Entfremdung. So ist es mir mit Verena gegangen, und schließlich noch auf leibliche Weise, was zu empfinden ich niemals gehofft hätte. Du gehst mit dem, was du jetzt lesen (und erahnen) wirst, bitte angemessen um. Aber ich weiß, da kann ich dir vertrauen.

Von: johannes.hitzig@theohh.com
Gesendet: 10.08.2018, 21.24
An: verena.haufe@vreneli.net
Betreff: Teuerste, Werteste, Liebste

Teuerste, Werteste, Liebste, das sind, liebste Vera, lauter Superlative, die Hebel für seine *Jungfer* oder *Freundin* Gustave hat. Ich kann deinen Namen nicht denken und schreiben ohne Superlative. Ich glaube, du hast etwas davon gespürt, was diese Tage mit dir in der alten »Heimet« mit mir gemacht haben. So innig wie traurig sind wir wieder auseinandergegangen. Kaum saß ich im Zug, habe ich dich vermisst.

Es ist schwer in Worte zu fassen, was diese gute Woche für mich bedeutet: erfüllte, heiterste Zeit (Hast du das mal bemerkt, wie wichtig das Wort »heiter« für »unseren« Hebel ist, wie oft er es gebraucht?). Die Wege durch die Rebberge, die Erkundungen in deinem Lörrach (das ich an manchen Stellen kaum wiedererkenne), die Führung durchs Hebel-Gymnasium, die so viele Erinnerungen, auch schmerzliche, geweckt hat, unser Gang durch Basel auf der Suche nach dem Haus der Iselins, in dem Hebel als Kind gelebt hat – und ganz besonders beeindruckend der Hebel-Wanderweg; die Erinnerung an den Tod seiner Mutter hat mich sehr berührt.

Doch bis in die Seele angerührt, ergriffen hat mich unser vorletzter Abend, die vorletzte Nacht. Dafür fehlen mir nun ganz und gar die Begriffe, da bleiben die Worte aus. Wir haben einander in einer Weise gefunden, die ich nicht für möglich gehalten habe und die wir doch zulassen konnten. All diese Wärme und Zärtlichkeit – und es war einfach nur stimmig und recht.

Du wirst gemerkt haben, wie ich am nächsten Morgen sehr schweigsam war und nicht darüber sprechen konnte; aber nicht, weil ich verlegen war, sondern weil jedes Wort daneben hätte gehen müssen und unangebracht gewesen wäre. Ich wäre dem Geschenk dieser Stunden nicht gerecht geworden. Zugleich meine ich zu spüren, dass es dir ähnlich erging – in welcher Innigkeit sind wir miteinander erwacht; und als hätten wir ihn bestellt, war der sonnenhelle Morgen, in dem wir auf deinem Balkon gefrühstückt haben, das willkommene Klischee, gegen das wir nichts einzuwenden hatten.

Es ist ein Schmerz, wieder fortgereist zu sein ins kühlere Hamburg, aber ein passendes, angemessenes Weh – wie sollte es denn anders sein? Meine Sehnsucht zeigt mir, wie vertraut wir uns geworden sind. Früher – im Leben vor dir, sag ich etwas pathetisch – bin ich vor dieser Nähe geflohen, sie hat mir Angst gemacht. Heute kann ich sie annehmen, schreckt sie mich nicht. Glaub mir, das ist eine sehr grundlegende Veränderung in mir, so viel Nähe habe ich noch nie jemandem zugestanden. Ich wollte, als mein Vater starb, nie wieder mit solch einem Verlust, mit dieser Trauer konfrontiert werden, also bin ich keine Bindungen eingegangen. Es gab ein paar Liebeleien – wir haben uns vor ein paar Tagen scherzhaft davon erzählt –, aber nie eine wirklich ernsthafte, herausfordernde Beziehung.

Die ich mit dir jetzt zulassen kann. Jetzt. Nach unseren Tagen miteinander.

Von den Alemannischen Gedichten brauche ich dir ja nichts zu erzählen. Mir kamen gestern bei der Zugfahrt ein paar Zeilen in den Sinn, die ich dann zuhause gleich nachgelesen habe: *Ne Chuß in Ehre, wer wills verwehre? ... Ne freudig Stündli, isch's nit e Fündli? Jez hemmer's und jez simmer do; es chunnt e Zit, würd's anderst goh.*

Das sind mir keine abgedroschenen, hundertmal vertonten und volkstümelnd befremdlich gewordenen Strophen mehr; das klingt in meinen Ohren sehr weise: dieses »Jetzt«. Vielleicht hat Hebel, der doch nicht gerade ein sehr glücklich Liebender war, verstanden, was der Augenblick bedeutet, wie sehr der Augenblick zählt. Liebe – die gilt für den Augenblick, die ereignet sich in Momenten. So wie wir uns geliebt haben in der besagten Nacht – das gilt, das ist alles wert, ein Schatz, den uns niemand mehr nimmt. Was immer daraus wird, das hat Bedeutung; auch wenn's wieder *anderst* geht, das bleibt.

Ach, Vera, ich plappere herum, ich zitiere und philosophiere, nur um dir zu sagen, was mir unsere Intimität bedeutet und dass ich sie annehme wie ein unerhört kostbares Geschenk. Du fehlst mir sehr, »mir mangelets«, wie's daheim »im Oberland« heißt.

Lass mich noch sagen, dass unsre Vertrautheit im Denken, Erinnern, Entdecken all die Tage schön und berührend war. Die vielen Gespräche auf dem Weg, bei den Mahlzeiten, wenn du nachgefragt und viele Anekdoten aus deiner, unserer Schule erzählt hast; der Bericht von deiner Studienzeit in Freiburg, von dem Professor, in den du verliebt warst, und von dem unliebsamen Kommilitonen, der mit dir anbändeln wollte. Das habe ich aufgesogen, beglückt, dich immer mehr kennenzulernen. Selten lache ich so frei, wie ich es mit dir getan habe. Welch wundervolle Erfahrung, niemand Besonderes sein zu müssen, nichts hermachen zu müssen, einfach sein zu dürfen, wie ich mich gerade befinde und fühle, ohne Schutz und ohne Scham.

Aber jetzt genug der Innenschau; ich laufe noch Gefahr, unsere »heitere« Zeit zu zerreden. Das ist wohl so eine Theologenmarotte: Wir eignen uns das Leben mit Worten an. Weil das aber in Wahrheit nicht funktioniert, halt ich's »Mul«, umarm ich dich und küss ich dich.

Auch wenn ich die Mail jetzt beende, bleib ich in Gedanken und Gefühl bei dir, dein Jo

Von: verena.haufe@vreneli.net
Gesendet: 11.08.2018, 5.14
An: johannes.hitzig@theohh.com
Betreff: Teuerster, Wertester, Liebster

Teuerster, wertester, liebster Jo – es ist schade, dass die Briefe von Gustave an Hebel nicht erhalten sind; ich wüsste zu gerne, wie sie ihm geantwortet hat und welche Zuschreibungen sie verwendet hat, um ihn zu erfreuen und ihn ihrer Zuneigung zu versichern …

Dass ich deine habe, deine Zuneigung, deine Zugewandtheit, deine Liebe (immer noch ein beeindruckend großes Wort), das weiß ich wohl, das habe ich gespürt, als wir beisammen waren und noch, als wir Abschied nahmen – da war und ist nichts zwischen uns – außer verfluchte, lange Bahnstunden, die sich nicht eben mal so überspringen lassen, auch wenn wir beide das wollten. Du fehlst mir ebenso, am liebsten zöge ich sofort los.

Was du über unsere Innigkeit schreibst, teile ich ganz und gar!

Bitte lies diesen Satz gleich drei Mal hintereinander, weil er mein wichtigster ist in diesen Zeilen und weil das, was ich noch anfügen möchte, nicht ebenso bedeutsam ist. Aber sagen will ich es, weil zwischen uns Vertrauen herrscht, eine Offenheit, die unterschiedliche Wahrnehmungen möglich macht und die mich ermutigt, zu deinen Gedanken meine dazuzutun.

Ich verstehe gut, was du vom Augenblick oder von den Augenblicken der Liebe schreibst, ich habe unsere Tage und Stunden (und diese Nacht) nicht anders erlebt. Mir hat dein Interesse an mir und meiner Geschichte gutgetan – endlich sieht mich einer an, habe ich immer wieder gedacht. Und ich bin dir unendlich dankbar dafür. Das waren solche Momente, in denen wir nicht nur unverstellt beieinander waren. Mehr noch: Ich habe mich gespürt – was so häufig nicht der Fall ist, zwischen all den Ansprüchen und Erwartungen, die Familie, Freunde, Schule haben. Danke, mein Lieber.

Doch entdecke ich bei mir Hoffnungen, Träume – oder nenne es Schwärmereien, wenn du magst –, die über die Augenblicke hinausgehen. Du weißt vom Herrn Nietzsche, dass alle Lust Ewigkeit will, und wenn der Herr Faust nun grad zu vermeiden sucht, dass er zum Augenblick sage: »Verweile doch, du bist so schön!« – ich will es nicht vermeiden. Ich wünsche unserer Lust Dauer und dass die Augenblicke sich dehnen. Ich wünsche mir eine Intimität und Zweisamkeit, die mehr kennt als Momente, die vom *jez hemmer's und jez simmer do* zum »stets haben wir's und dauernd sind wir beisammen« gelangt – ich erträume mir ein Leben mit dir.

Bitte lass dich nicht erschrecken (Wobei diese Aufforderung eine Unterstellung ist, vielleicht liegt dir der Traum gar nicht so fern, du äußerst ihn nur nicht, aus Vorsicht, weil er noch zu wagemutig ist, oder aus Respekt, um mich nicht zu vereinnahmen, um nicht übergriffig zu werden)! Ich beschreibe nur, was sich in mir tut; ich nehme wahr, was mich bewegt. Vielleicht lerne ich, am Augenblick Genüge zu haben; jetzt lasse ich gerade zu, dass mir die Ausdehnung des Schönen und Beglückenden durchaus gefallen könnte. Da wir Vertraute geworden sind, will ich es dir sagen.

Meine Phantasie – in früher Morgenstunde (Es ist wieder so herrlich sonnenhell, dabei erfrischend kühl!), aber ich hab eigentlich die ganze Nacht nicht wirklich geschlafen – beschert mir ganz handgreifliche Bilder: wie wir in Hamburg eine kleine Wohnung suchen, in Ottensen oder Winterhude (Jetzt bediene ich das Klischee, gell?), wenn es gelingt, an einer der vielen Schulen unterzukommen; oder wie du ins Oberland ziehst, angestellt an der Basler Theologischen Fakultät oder gar als Pfarrer der Landeskirche. Ich weiß freilich, dass ein Pfarramt für dich nicht infrage kommt, du hast das erwähnt. Und eigentlich habe ich auch keine Lust, ›Pfarrfrau‹ (was immer das heißt) zu werden. Aber Wunsch und Vorstellung halten sich nicht an Maßgaben, die eröffnen sehr weite Räume.

Was denken Sie? Ich sei ein alberner Mensch, dass ich Ihnen nichts Vernünftigeres als solche Alfanzereien zu schreiben weiß, heißt's im Brief vom Dezember 1792. Aber du wirst mir keine Albernheit und keine Possen vorwerfen, weil du jetzt viel mehr von mir weißt. Dass meine Lust am Träumen durchaus gepaart ist mit deftigem Realitätssinn.

Gesagt will ich dir's haben, weil wir einander vertrauen.

Hast du dich denn wieder gut eingefunden in deine Arbeit und in die große Stadt, die wohl niemals schläft? Ich beneide dich ein wenig, dass du dort wieder eintauchen kannst, hier scheint alles so klein und in engen Grenzen zu wachsen und nicht sehr üppig zu gedeihen. Doch aus dem Neid spricht nur die Sehnsucht nach dir, nach Entdecken, Schweigen, Berührung.

Sehen wir uns bald wieder? Das wünsche ich mir (ebenfalls) sehr.

Sei lange umarmt, deine Vera

Verenas Hoffnungen habe ich verstanden, vielleicht sogar geteilt. Aber sie haben mich auch bedrängt. Hoffnungen sind zerbrechlich, und jeder Bruch schmerzt. Darauf wollte ich – und will ich wohl in Wahrheit noch – nicht setzen.

Von: verena.haufe@vreneli.net
Gesendet: 24.08.2018, 23.07
An: johannes.hitzig@theohh.com
Betreff: nachgefragt

Mein lieber Jo,
habe ich zu große Erwartungen? Oder hast du dich von meinen Träumereien doch erschrecken lassen?

Ohne dass ich irgendeinen Anspruch darauf erheben dürfte, will ich doch nachfragen, warum du schweigst. Wieder sorge ich mich, noch viel mehr als das letzte Mal: Hattest du nun doch einen Unfall? Steckst du wieder knietief in Arbeit? Ist dir ein anderer Mensch begegnet, der dich bewegt, wie ich es getan habe? Habe ich dich mit meiner Offenheit irgendwie vor den Kopf gestoßen, verletzt?

Ich bin ratlos, Jo, gib mir doch bitte ein kurzes Signal!
Herzlich und verbunden, deine Vera

Von: verena.haufe@vreneli.net
Gesendet: 1.09.2018, 5.14
An: johannes.hitzig@theohh.com
Betreff: Ich verstehe es nicht!

Lieber Jo,

ich muss dir noch einmal schreiben, weil ich einfach nicht verstehe, warum du bisher keine Antwort gibst. Meine Mail von vor anderthalb Wochen muss dich doch erreicht haben, jedenfalls gab es keine Fehlermeldung. Bitte sag mir doch: Habe ich dich verletzt? Hast du dich von mir abgewendet?

Ich könnte damit umgehen, könnte mich entschuldigen oder dich loslassen, wenn ich nur wüsste, woran ich bin. Ich schreibe dir in einer sehr unangenehmen und unliebsamen Mischung aus Furcht, Verzweiflung und Zorn – ja, auch Zorn, denn ich denke, ich müsste es dir wert sein – bei allem, was wir geteilt haben –, eine Antwort zu erhalten. Und wenn deine Antwort dann eben eine ist, die mir nicht gefallen würde, ist das so. Nur dein Schweigen werfe ich dir vor, das macht mich ratlos und wütend. Halte nicht zurück, was immer du mir zu sagen hast.

Bitte lass mich nicht länger warten!

Ungeduldig, Vera

Von: johannes.hitzig@theohh.com
Gesendet: 2.09.2018, 8.45
An: verena.haufe@vreneli.net
AW: Ich verstehe es nicht!

Liebste Vera,
das zu allererst: Nein, es hat sich an meinem Gefühl für dich
nichts geändert.

Ich könnte es wieder mit dem lieben Hebel sagen: *Es geht
mir bitter übel. Wo es etwas zu arbeiten gibt, muss ich dazu,
und ärgere mich darüber* (Brief vom Oktober 1802). Vera, wie
soll ich das erklären – alles, was ich schreiben könnte, klingt,
als seist du mir aus dem Blick geraten, als wäre ich auf Abstand gegangen. Das stimmt nicht, auf gar keinen Fall. Du
wirst es mir nicht glauben können, weil ich so lange still gewesen bin. Es war schlicht immer und immer wieder die Arbeit, die mich völlig mit Beschlag belegt hat. Viele Gremien,
in denen es um eine Zukunft geht (die meines Arbeitsfeldes),
die dir sehr fern ist und die für die Zukunft, die du dir für uns
erträumst, keinen Platz hat. Ich konnte mich dem nicht ent-
ziehen, ich bin Teil dieses Systems. Und ich hatte für meine
Promotion zu arbeiten, die ich, wenn ich nicht dranbleibe,
nicht zu Ende bringen werde; es gab zu lesen, viel, viel zu
kommunizieren mit Menschen, die mit meinem Thema zu tun
haben (die Leute vom Musée Oberlin im Steintal im Elsass
zum Beispiel) oder die es hinterfragten. Mein Doktorvater, bei
dem ich Assistent bin, hat großes Interesse an mir, und dem
muss ich sozusagen gesellschaftlich Rechnung tragen, indem
ich dies und das für ihn erledige. Ich bin sehr verstrickt – ein
wenig hast du das schon gesehen, als du mich in Hamburg
besucht hast. Es sind, wenn ich sie selber lese, blasse Erklä-
rungen – und doch bestimmt mich das alles sehr, vielleicht zu

sehr. Da geht es aber auch um die Frage, was einmal aus mir werden wird …

Deine Phantasie(n), liebste Vera, spricht, sprechen mich an. Sie machen mir keine Angst – aber du siehst auch, dass mein Lebensentwurf (auch das ist ein fürchterlich großes Wort) derzeit ein anderer ist. Was Hebel von Karlsruhe schreibt, könnte ich von Hamburg sagen: *Sie meinen, ich lasse mir Karlsruhe nicht mehr abkaufen. Was kann ich dafür, dass mir niemand etwas Besseres drum bietet. Umsonst gibt man doch auch nicht wieder her, was man einmal hat.* (Vom Mai 1794) Ich habe nichts »Besseres«. Du wendest wohl ein, dass du die Bessere wärst oder sein könntest – aber in Wahrheit wissen wir nicht, ob du für mich gut wärst, ob ich für dich passend wäre. Vielleicht sind wir's uns ja nur, wenn wir Nähe und Distanz haben, wenn wir, was zwischen uns ist (die Entfernung, die Zeit, die Fragen), genauso gelten lassen wie das, was uns vertraut macht und zusammenbindet. Lass uns doch, wenigstens noch für eine gute Weile, da bleiben, wo wir sind, und die bleiben, die wir sind, lass uns die Augenblicke ergreifen, wenn sie sich freundlich bieten, und sonst das je eigene Leben ausfüllen, das wir uns gewählt und gebaut haben.

So habe ich es mir zurechtgelegt, oder so könnte ich es mir zurechtlegen, wenn ich Herr meines Arbeitstages und meiner Freizeit wäre. In Wahrheit bin ich gedrängt und habe kaum Luft zum Atmen. *Von Geschäft könnt ich wohl etwas vorbringen, aber es ist schon eine gar alte Leier. Krank bin ich weiter auch nicht gewesen, Gott sei Lob und Dank. Heiterkeit und froher Sinn, der fehlt mir freilich, den drückt das Joch, das auf mir liegt, gewaltig nieder, den ätzt mir mancher stille Verdruss allmählich aus der Seele.* (Vom Juli 1797) Als spräche Hebel von mir! Es ist eine so billige Entschuldigung, wenn ich von meinem »Joch« spreche. Aber wenn mich die Arbeitslast drückt und wenn mir die Frage, wo es hinwill mit mir, was ich nach Assistenz und Promotion tun werde, keine Ruhe lässt, fehlt mir die Kraft, den Kopf zu heben und das Schöne, das Wunderbare zu sehen, das du mir geworden bist.

Liebste Vera, ich habe dich zu keiner Zeit vergessen, aber ich denke nicht allezeit an dich, weil sich so viel anderes nach vorne schiebt, nicht nur schnöde »Geschäfte«, nicht bloß die Pflicht, die äußerlich wäre, sondern echte Mühe, brennende Zweifel.

Kannst du das verstehen, und wenn du es verstehst, verzeihen für diesmal? Du hast mich mit deiner Sorge und deinem Zorn aus diesem Sumpf etwas herausgezogen; jetzt möchte ich mich weiter herausarbeiten und wieder aufmerksam sein.

Wird uns das helfen? Reicht das für ein wieder aufgenommenes Miteinander und kommende Augenblicke? Du musst das sagen, Vera, ob es für dich reicht.

Ein halbes Jahr kennen wir uns nun, das ist keine lange Zeit – nicht zu kurz, um zueinander zu finden, aber vielleicht braucht es noch mehr Geduld, um auch einen Weg miteinander zu haben. Gustave und Hebel hatten Jahre, Jahrzehnte.

Ich erinnere mich daran, wie wir Hamburg entdeckten (durch deine Augen habe ich es immer wieder neu gesehen) und wie wir in Lörrach, Basel oder an der Wiese entlang gingen – und alles war gut und stimmig in diesen Momenten, frei vom Druck unserer Berufe, frei von den Zukunftsfragen, die als Wolken über uns geschwebt haben mögen, aber geregnet hat es nicht.

Vera, ich schreibe verworren und drehe mich im Kreis, müde vom gestrigen (Arbeits-)Tag und von einer fast durchwachten Nacht. Leg meine Worte nicht auf die Goldwaage, hör nur, wie leid es mir tut, dich so verletzt zu haben. Ob wir über alles einmal sprechen können, wenn wir uns treffen, hier im Norden oder bei dir im Süden? Ich werde erst auf den späten Herbst hin reisen können, aber täte es gerne, wenn du mich empfangen wolltest.

Wie soll ichs anfangen und wie soll ichs enden? (Vom Juli 1797) – ich weiß es auch nicht.

Ich ende in der Hoffnung, dass du mir nicht weiter böse bist und dass du mir glaubst, wenn ich sage, dass ich dir von Herzen verbunden bin, und das – auch im Schweigen – unverbrüchlich!

Dein Jo

Von: verena.haufe@vreneli.net
Gesendet: 5.09.2018, 16.34
An: johannes.hitzig@theohh.com
Betreff: … und lueg, i bi der hold!

Mein lieber Jo,

etwas Zeit habe ich gebraucht, bis ich dir zurückschreiben konnte, sieh es mir bitte nach. Ich habe deine Mail wieder und wieder gelesen, weil ich manches zuerst nicht verstanden habe, manches mich (immer noch) etwas geärgert hat und ich nicht genau wusste, wie ich reagieren mochte. Du hast mir sehr offen von deinem »Joch« geschrieben und von deinem »Lebensentwurf«. Dafür bin ich dir sehr dankbar, das hat mir dein langes Schweigen zu einem Teil erklärt. Ich weiß damit aber immer noch nicht, warum du auf meine erste Mail von Ende August nicht sofort geantwortet hast; ich hätte es im umgekehrten Fall getan, ziemlich alarmiert. Aber natürlich bist du mir keine Rechenschaft schuldig – du schreibst mir, was du schreiben möchtest.

Und ich akzeptiere, was ich akzeptieren möchte. Denn mich stimmt nicht alles zufrieden, was du mir schreibst. Du meinst, meine Träume sprächen dich an, doch mit allem, was du antwortest, wendest du dich gegen sie. Du erzählst von deinen Zweifeln und Sorgen, aber du lässt mich in Wahrheit nicht Anteil haben daran – nun in deiner Mail, schriftlich, schon, aber hätte ich nicht gedrängt und nachgefragt, wüsste ich wohl bis jetzt nichts davon. Verzeih, Jo, es steht mir nicht zu, mich zu beschweren, ich beschreibe nur die Diskrepanz zwischen der Innigkeit unserer Begegnungen und deiner Wortlosigkeit in den letzten Wochen. Als sei ich, kaum hast du Hamburg betreten, aus deiner Welt wieder herausgefallen.

Ich glaube tatsächlich, dass das nicht an mir liegt, auch wenn ich ›nur‹ eine bessere Dorfschullehrerin bin, bloß ›vom Lande‹ stamme und mit meiner Mentalität und meinem Dialekt vielleicht nicht in die große Stadt passe. Nein, ich denke, du bist es, der mir keinen Platz einräumt, auch wenn du beteuerst, ich sei dir präsent. Das bin ich nicht.

Du lässt in deinen Zeilen gerne den Hebel sprechen. Mich ärgert das, mit Verlaub. Ich habe es schon einmal erwähnt: Mir fehlen Gustaves Antworten; so habe ich ihre Sicht der Dinge, der Beziehung, der Zukunftspläne, die sie ausgesprochen oder verschwiegen geschmiedet haben mag, immer nur durch seine Augen – die Augen eines Mannes zu Anfang der 19. Jahrhunderts, für den die Rollenklischees noch eindeutig und unhinterfragbar gewesen sein müssen, der wusste, dass es von ihm abhing, ob es zu einer Ehe kommen würde oder nicht. Er schreibt quasi vom sicheren Ufer aus. Und wie schreibt er? Ich finde, Hebel ist ein Meister ironischer Selbst-Entschuldigungen, mit durchaus gelungenem Humor zieht er sich oft genug aus der Affäre – und wird nie ganz klar, wie er zu Gustave stehen möchte.

Es ist mir bange, wenn Sie wegen der langen Schuld, die ich auf mir habe, Entschuldigung erwarten und noch viel schlimmer wärs, wenn meine Bangheit unnötig wäre, wenn's gar keiner Entschuldigung bedürfte ... Aber bitte, absolvieren Sie mich, sonst muss ich doch noch lügen; sagen Sie mir, Sie merken wohl, dass ich wenig Stichhaltiges vorbringen könne, und diesmal wollen Sie mirs verzeihen. (Juli 1797) Findest du nicht, dass der *aufrichtige Freund und gehorsame Diener* da mit seiner *verehrtesten Freundin* spielt? So nett die Briefe Hebels zu lesen sind, immer wieder ein Schmunzeln wert, so wenig eignet sich dein liberaler Theolog zum Vorbild, was den Umgang mit Menschen angeht, die ihm nahestehen. Lieber, als sein Verhältnis zu klären, schwadroniert er von seiner ersten Predigt am Hof, vom Kirchgang und vom Wetter, hat er köstliche Sätze zum Neujahrstag oder zu Ostern, aber ernst, richtig aufmerksam und ernst wird er nie. Manchmal scheint etwas durch von der Zuneigung, die er doch für Gustave gehabt haben muss. Spricht er im Februar 1793 von künftigen Pfarrfrauenfreuden (*... tröste sie mit der Versprechung, dass sie, wenn sie noch ein paar Jahre Geduld hat, miteinander ins Oberland wandern werden, ... wo ich ihr ... gar heimliche Felsenklüfte, alte Gemäure und hohle Eichen vielleicht gar in den Waldungen meiner eigenen Pfarrei zeigen kann, in denen sie alsdann ihre Ökonomie nach eigenem Gefallen selber einrichten kann.*) und im Mai 1807 davon, dass er ihr in Karlsruhe zu begegnen glaubte: *Als ich in der Schlosskirche nach dem Gesang die Sakristeitüre öffnete, saß mir nicht sehr fern, doch etwas schief gegenüber, ein Frauenzimmer, das mir wie eine Erscheinung von Ihnen aussah ... und glaubte bald, Sie seien es*, so ist das vielleicht ein Ausdruck seiner gut verborgenen Sehnsucht, seiner Hinwendung im Stillen zu ihr, die er vor sich selbst nur schwer hat zugeben können. Oder will er sie bei der

Stange halten, ihr ein paar süße Worte sagen, damit sie nicht von ihm lässt, auch wenn er sie so auf Distanz hält?

Ich denke über Johann Peter Hebel nach und über seine Briefe, die wir zur selben Zeit gelesen haben und an denen wir uns gefreut haben – und ich meine dabei doch dich, Jo. Du schreibst andere, strengere ›Briefe‹ – und darüber bin ich froh, weil ich Hebels Ironie zwischen dir und mir nur schwer ertragen könnte – aber im Grunde tust du dasselbe: Du hältst mich auf Abstand und erbittest mein Verständnis dafür. Das hast du auch, zu einem guten Teil: Ich verstehe deine Arbeitsbelastung, ich kann nachvollziehen, dass du bei deiner wissenschaftlichen Laufbahn und gegen den kirchlichen Dienst Prioritäten setzt, ich kann gut annehmen, dass deine Freunde und Bekannten in Hamburg dir von einiger und eigener Wichtigkeit sind. Aber ich bin sehr getroffen, wenn sich das gegen mich zu richten scheint, wenn es dies alles nur ohne mich geben kann – und unser Miteinander nur für die Erfahrung von Augenblicken gilt.

Ist das am Ende alles, was ich dir wert bin?

Mit dieser Frage höre ich auf, Jo, mir fehlt die Kraft, weiterzuschreiben. Vielleicht wäre alles einfacher zu besprechen und zu klären, wenn wir einander von Angesicht zu Angesicht sehen könnten, hören, schweigen, nachfragen könnten.

Gerade weiß ich nicht, wie ich zu dir stehe, ob ich unserer Beziehung noch eine Zukunft gebe. Darum grüß ich dich nur mit der Freundlichkeit und Zugewandtheit, die ich im Moment noch habe. Doch *lueg, i bi der hold* – ich bin dir verbunden, du bist mir das Fragen und Zweifeln und Versuchen wert.

Das ist viel, deine Vera

Mit dieser Mail hat sie mich sehr getroffen; ich denke, weil ich ihr im Grunde zustimmen und mich zugleich dagegen wehren musste. Auf einmal war alles – durch mein Schweigen und durch ihren Ernst, durch unsere plötzlich gar nicht mehr leichte und einfach stimmige Beziehung – schwer geworden.

Von: johannes.hitzig@theohh.com
Gesendet: 5.09.2018, 22.57
An: verena.haufe@vreneli.net
AW: … und lueg, i bi der hold!

Vera, muss es so kompliziert sein?

Ich verstehe, dass ich dich mit meiner Zurückhaltung, die aus Not und Überlastung geboren ist, verletzt habe. Das tut mir unendlich leid – und da will ich, wie ich schon zugesagt habe, aufmerksamer sein. Will teilen mit dir, was mich bewegt und bedrängt. Die Dinge mit mir selbst auszumachen, habe ich in den vergangenen Jahren gut gelernt, nun sehe ich, dass ich das nicht unbedingt muss. Du würdest mich anhören, würdest mittragen.

Trotzdem, liebe Vera: Ich brauche meine Distanzen. Schau: Ich bin niemandes »engster Freund«, ich habe viele »gute Bekannte«, mit denen ich interessante Gespräche führe und das eine oder andere Persönliche tausche, aber ich bin auch gerne allein, mit meinen Gedanken und Büchern und mit meinen Träumen, in die du durchaus gehörst. Große Nähe kann ich zulassen und eingehen, das hast du ja gemerkt, aber es muss selbstbestimmt sein, braucht meine ganz eigene Entscheidung. Darum – entschuldige – ist es nicht ganz fair, wenn du mich mit Hebel vergleichst. Ich glaube auch, dass er sich seiner Gustave entzogen hat, vielleicht, weil er zu feige war, sich zu binden, weil ihn das Trauma vom Tod seiner Mutter hinderte, sich einem Menschen anzuvertrauen, oder weil sich der Herr Direktor und Kirchenrat in Karlsruhe halt eingerichtet hatte und seine Kreise nicht mehr stören lassen wollte. Aber als so gebunden und träge schätze ich mich nicht ein.

Gib mir ein wenig Zeit, mich zu sortieren – und lass uns schauen, ob wir einander treffen können. Mir ist sehr viel daran gelegen.

Verbunden und verbindlich, dein Jo

Von: verena.haufe@vreneli.net
Gesendet: 6.09.2018, 16.34
An: johannes.hitzig@theohh.com
AW: AW: … und lueg, i bi der hold!

Das glaubst du, Jo, dass dir viel an mir gelegen ist – für meinen Geschmack nicht genug. Nochmal der Hebel: Er hat Gustave immer und immer wieder vertröstet, Reisen und Besuche versprochen, die er dann doch nicht antrat – und mit diesen Aufschüben auch seine Liebe, eine mögliche Ehe immer wieder in Aussicht gestellt, aber (glaube ich) nie ernstlich im Blick gehabt. Er war ein Schwindler, ein sympathischer, mag sein, ein sprachgewandter und ironischer – aber das hilft am Ende nicht viel.

Mich erschüttert, dass Gustave allein geblieben ist. Ob sie auf den *redlichen Freund*, den *ergebensten Hebel* gewartet hat, bis sie keinen Mut und keine Lust mehr auf Partnerschaft und Familie hatte? Ob sie sich hinhalten ließ, weil sie die Hoffnung auf ihren Geliebten (den sie der guten Sitte entsprechend nie so genannt hat; seine Briefe hat sie auch wohl nicht immer allein gelesen) nicht aufgeben mochte? Die arme *Jungfer*. Das weiß ich gewiss, Jo, mir soll es nicht so ergehen. Ich will und ich werde nicht warten, bis ich in deine Zeit, deinen »Lebensentwurf« passe. Das ist heute anders als zu den Zeiten, da Hebel der Gustave schrieb – ich muss nicht warten, was andere (du) über mich entscheiden. Gustave hatte keinen Mann, aus der *teuersten Jungfer* wurde im Verständnis ihrer Epoche eine alte. Sie hat sich für Kinder eingesetzt, eine »Strickschule« gegründet, habe ich gelesen. Das klingt bieder, war aber wohl ein erster Schritt zur Emanzipation, da Mädchen als Gegenüber ernst genommen wurden und ihnen so etwas wie Ausbildung zuteilwurde. Gustave war eine Art Pädagogin, was sie mir zur älteren Schwester macht. Hebel hat ihr Engagement gelobt, aber hat er es auch geachtet? In jedem Fall möchte ich, dass du mich achtest, nicht nur als Lehrerin (das tust du), sondern auch mit meinen Träumen, die mich zu dir weisen.

Vielleicht macht dieser Wunsch, du mögest mich wahrnehmen, tatsächlich unsere Beziehung »kompliziert« – wie es halt ist zwischen Menschen, die einen Weg miteinander begonnen haben und nun ihre Unterschiede abwägen und austarieren müssen. Ich scheue das nicht, ich lasse mich gerne verändern – wenn ich spüre, dass du das auch kannst. Wir bleiben nicht, die wir sind, wenn wir einander lieben (doch das Wort ›Liebe‹ gebrauchen wir kaum – auch Hebel tut das nicht). Ich habe nichts dagegen, aber ich möchte nicht, dass ich von zweien die Einzige bin, die sich wandelt. Aber ist es nicht das, was du willst? Auf diese Weise verstehe ich dein Schweigen und deine Antwort: Lass mich, wie ich bin, ordne dich meiner Lebensplanung unter. Auch wenn es mir selber weh tut, Jo, das möchte ich nicht.

Kompliziert. Mache ich es denn wirklich kompliziert? Ist es in Wahrheit nicht ganz einfach? Zwei, die sich lieben, kommen zusammen und sind auch über die Ferne fühlbar verbunden, nicht nur ihren Worten nach.

Schreib mir wieder, wenn du das bejahen kannst. V.

Von: johannes.hitzig@theohh.com
Gesendet: 11.09.2018, 19.32
An: verena.haufe@vreneli.net
AW: AW: AW: … und lueg, i bi der hold!

Liebe Vera,

ein paar Tage habe nun ich gebraucht, bis ich dir antworten kann – dafür gibt es wieder äußere Gründe – ein großes Kolloquium und ein wenig Ärger mit den Steintälern –, aber natürlich hat auch die Wirkung deiner letzten Mail eine Rolle gespielt. Sie hat mich sehr getroffen, weil ich mich nicht verstanden fühle. Oder besser vielleicht: weil ich denke, dass du mich in meinen Entscheidungen für das Leben, das ich führe, nicht verstehst und sie nicht teilen magst. Was mir die wissenschaftliche Arbeit an dieser Fakultät in dieser Stadt bedeutet, warum ich promovieren möchte und dann auf weitere Perspektiven hoffe, das meinte ich, dir gesagt zu haben. Offensichtlich hast du es nicht hören können – vielleicht, weil deine Wünsche dagegenstehen, weil du mich gerne für dich hättest, gleich unter welchen Bedingungen? Ob hier im Norden oder oben bei dir, ob als Lehrerin an einem Hamburger Gymnasium oder als Pfarrfrau irgendwo im Badischen – und ich werde Ehemann, Vater, Pfaffe? Das ist mir so fern, auf jeden Fall mag ich mich jetzt nicht entscheiden, sondern den Dingen ihren Lauf lassen.

Passen wir dann also nicht zusammen, so wie Hebel und Gustave vielleicht nicht hätten miteinander leben können, weil er in Wahrheit nicht der wohlsituierte Pfarrherr gewesen wäre, sooft er auch mit diesem Gedanken kokettierte, und weil sie ihm zu selbstbewusst war und sie ihn verunsicherte?

Gestern lief mir Jakob über den Weg, ein Assistenzkollege, ein Praktischer Theologe, der findet, er könne Menschen beurteilen, ein selbsternannter Oberseelsorger. Er sprach mich an und meinte, ich sei so still und in mich gekehrt in den vergangenen Wochen, so kenne er mich gar nicht, ob mich etwas bedrücke. Etwas verhaltener zu sein ist ja nicht das Schlechteste, aber ein wenig erschrocken war ich schon. Ist mir mein Nachdenken und Bangen so sehr anzusehen? Und schließlich kenne ich mich vielleicht auch nicht mehr, bin ich mir abhandengekommen. Nicht deinetwegen, Vera, bitte versteh das richtig, nicht unmittelbar deinetwegen, aber weil mich unsere Beziehung auch immer wieder aus den gewohnten, vertrauten und stimmigen Bahnen wirft. Das tut mir nicht gut.

Wie gelingt es dir, so über Veränderungen deines und meines Lebens nachzudenken, als sei es ein Leichtes? Es braucht doch Zeit, es braucht doch alles seine Zeit!

Liebe, ob ich von deiner Antwort werde erwarten dürfen, was Hebel im Mai 1812 an Gustave schreibt:

Ihr letztes Brieflein hat mir viel Trost gebracht. Sei Ihnen und dem lieben Gott bestens dafür gedankt. Es war mir sehr bange darauf. Ich wagte es nicht zu öffnen, bis ich ihm außen anzusehen glaubte, dass nichts Schlimmes darin stehe …

Noch immer herzlich, dein Jo

Von: verena.haufe@vreneli.net
Gesendet: 12.09.2018, 16.34
An: johannes.hitzig@theohh.com
AW: AW: AW: AW: … und lueg, i bi der hold!

Es tut mir leid, Jo.
Erhoffen darfst du dir das, aber damit dienen kann ich nicht. Wir haben uns einander zu erklären versucht; ich fürchte, wir finden uns nicht mehr. Mag Zeit ins Land gehen, wie du es wünschst, aber ob wir uns je wiedersehen, sei dem Zufall, dem Schicksal, wem auch immer überlassen. Ich will aufhören mit Nachfragen, mit stillen Vorwürfen und der Rechtfertigung meiner Hoffnungen.

In dem Brief, den du zuletzt zitierst, heißt es auch: *Es ist besser, man trenne sich mit Schmerz als mit Gleichgültigkeit von denen, denen man so viel schuldig ist.* Hebel sprach da vom Tod von Gustaves Mutter und seiner eigenen, aber für Liebende gilt das wohl auch. Wir sind einander nichts schuldig, außer unsere gegenseitige Achtung. Meine Selbstachtung gebietet mir, nicht weiter zu hoffen und zu wünschen, wo du nicht mitgehen magst. Es ist in Ordnung.

Wenn es stimmt: *Der erste schneidende Schmerz der Trennung ist fast leichter zu ertragen als das Vermissen und die zehrende Sehnsucht, die nachfolgt, bis man sich daran gewöhnt hat,* dann ziehe ich den schneidenden Schmerz jetzt vor und setze auf Gewöhnung.

Danke für unsere Augenblicke, Johannes,
leb wohl, Verena

Wenn du diese Mails gelesen hast, lieber Tobias, wirst du –
vielleicht – verstehen, was mich ratlos macht und was mich
umtreibt. Noch nie in einer Beziehung war ich so sehr in
Übereinstimmung mit mir selbst. Und noch nie hat mich die
Art, wie ich bin und lebe, und das, was für mich Bedeutung
hat, so sehr von einem Menschen getrennt. Wenn du mir das
erklären kannst, bin ich dir sehr dankbar; wenn du mir helfen
kannst, zu begreifen, wie zwei sich lieben und sich zugleich
lassen können, wirst du mir ein großes Geheimnis enthüllt
haben. Ich kann das im Moment alles nur annehmen – akzeptieren, was ist. Verena tut das auch, obwohl es sie gewiss
mehr trifft als mich.

Gleich setze ich mich in die U3, fahre zum Baumwall
und gehe durch die Hafen-City, dorthin, wo die Baustel-
len aufhören und die alten Anlagen abgebrochen und aufgewühlt herumliegen. So fühle ich mich. Mal sehen, was daraus
gebaut wird.

'S sin no Sachen ehne dra.

Die Witwe von Falun

Er gestand es sich selbst nicht gern ein, aber manchmal war er um ihr Haus geschlichen, um einen Blick auf sie zu erhaschen. Was heißt manchmal, oft, viel zu oft, falls die Nachbarn es gesehen hatten, würden sie sich das Maul zerrissen haben. Aber das war ihm im Grunde gleich; er schämte sich seiner Leidenschaft nicht.

Doch er grämte sich, dass sie nicht erwidert wurde. Beide waren sie noch jung gewesen, sehr jung; in der Sonntagsschule, kurz vor der Konfirmation hatte er sie kennengelernt, als er mit Eltern und Geschwistern in das Haus gezogen war, das neben dem ihren – oder dem ihrer Eltern – lag, nur durch einen Garten und einen blaugestrichenen Lattenzaun getrennt. Sie waren von Sundborn gekommen, weil es für Vater und Mutter Arbeit gab in Falun – für sie in der kleinen Wirtschaft jenseits der Stadtgrenze, für ihn im Bergwerk, wo einstmals Silber, seit Langem Kupfer gefördert wurde. Das Steigerleben war wohl gefährlich, aber der Ertrag ließ sich sehen. So wurde seine Familie zu einer der angesehensten in der Stadt, die Brüder wurden Bergleute wie der Vater, die Töchter in gute Häuser verheiratet, er selber, Olof, der Fünfte in der Reihe, wollte und konnte Tuchhändler werden. Als er diesen Wunsch äußerte, zog der Vater die Stirn kraus und an der Pfeife, lachte dann schallend und rief nach seiner Frau: »Hör sich das einer an, Märta, da will er sein Sümmchen verdienen mit der Eitelkeit der Leute, mit Männerkluft und Frauentand! Aber sei's drum, geschickt genug wird er sein – soll er in die Lehre gehen. Tuch und Kleider ernähren ihren Mann.« So zog es den Olof zu den Händlern nach Gäve und Uppsala, doch weil dort nach der Ausbildung kein Fortkommen war, ging er in die Heimat zurück, an Runn und Varpan, den beiden fischreichen und kalten Seen. Denn, so dachte er bei sich und zu recht, wo geschürft wird, da wird sich auch Geld finden lassen.

Zuerst wollte Olof sich ein eigenes Haus, darin er einen Laden eröffnen könnte, und ein Gehöft kaufen, um am Abend noch Rüben oder Kohl zu ziehen, eine Milchkuh und Hühner zu halten, aber da er noch keine Familie hatte (die wollte er nun gründen) und der Vater inzwischen gestorben war (er hatte bei Nacht einen Unfall mit der einfachen Kutsche gehabt, böse Zungen behaupteten, er sei angetrunken gewesen, was aber nie einer beweisen konnte), zog es ihn ins Elternhaus. Schließlich war die Mutter inzwischen auch allein, die Geschwister hatten längst eigene Wohnungen, in den Dörfern in der Nähe oder in der Nachbarschaft.

Olof hätte zufrieden sein können, doch etwas nagte an ihm, eine unerklärliche Unzufriedenheit mit seinem Dasein ließ ihm keine Ruhe. Kaum hatte er sich wieder angesiedelt und mit dem Segen der Stadtväter und des Herrn Pastor sein Geschäft in der leergeräumten und so sinnreich wie praktisch wieder eingerichteten Stube eröffnet, stand auch schon die Kundschaft auf der Schwelle: Ehemänner, die vom Schneider (in Falun gab es gleich drei zu dieser Zeit) für ihre Frauen ein Festkleid fertigen lassen wollten und nun nach passenden oder gewagten Stoffen suchten, oder Frauen und Mädchen, die selbst mit Schere, Nadel und Faden umzugehen wussten und sich ausnehmend freuten, nun am Ort einen zu haben, der sie mit Kattun und Satin, mit Loden und Batist versorgen konnte. Olof führte die besseren Stoffe, so viel war sicher, mit den groben gab er sich nicht ab. Das schwemmte eine Menge Reichstaler in seinen Beutel und auf seine hohe Kante.

Dennoch wollte Olof nicht recht glücklich werden. Nun ist's ja auch nicht das Geld, das einen Mann mit sich und der Welt im Reinen sein lässt. Und so fühlte Olof sich: allein, ohne Frau und Kinder; Freunde gab es, im Wirtshaus und in der Kirche war er gerne gesehen und dort hielten die Leute ein Plätzchen frei für ihn, den angesehenen Kaufmann und Bürger, aber eine Familie gab es nicht.

Eines früh schon hellen Sommermorgens sah Olof den Grund seiner Verstimmung: Die junge Nachbarin war es, die Tochter von Peer und Kristin, Ella. Er entdeckte sie im Kräutergarten vor ihrer Haustür, durch das große Fenster seiner Stube wurde er ihrer gewahr, als sähe er sie zum ersten Mal. Das konnte nicht sein: Ein Dutzend Mal mussten sie sich flüchtig begegnet sein, einen kurzen Gruß getauscht haben am Morgen oder wenn die Sonne unterging und ums Haus herum noch dieses und jenes aufzuräumen war. Aber heute fiel sie ihm ins Auge, heute strahlte sie im Glanz der frühen Sonne, so wie die Dinge, als da sind: die Rücken der Pferde, die Kelche der Blumen, die Federn der Enten strahlten, wenn ein Regen übers Land gegangen war und die Luft gewaschen hatte. Olof, hinter seinem Fenster, war berührt, überrascht; ohne dass er es selbst bemerkte, blieb ihm der Mund offenstehen. Wie konnte er diese ihre Schönheit übersehen haben?

Ella schnitt ein Büschel Petersilie ab und ein wenig vom Salbei und vom Bohnenkraut, eine alltägliche Verrichtung, an die sie vermutlich keinen Gedanken verschwendete, doch sie tat es diesmal – in den Augen Olofs – mit auserlesener Anmut. Ihr Alltagskleid, das zur Arbeit in der Küche, im Haus, im Stall taugte, schien aus kostbarem Stoff zu sein, dafür hatte Olof einen Blick, der ihn nie täuschte. Nur grade jetzt schaute er sich die Schürze, den Rock, die Weste schön – und wie gerne wäre er ihr nahe gewesen wie das hellgraue Tuch, das sie um die Schultern trug, da die Luft noch frisch war und der Krautgarten noch im Schatten lag. In seiner Phantasie sah Olaf sie im Brautgewand, das die Schneider in Falun so prächtig zu fertigen wussten, im roten Rock, mit fein besticktem, gelbem Schurz und drei rötlichen Streifen vom Gürtel herab, der reich verzierten, bunt-braunen Bluse, rosafarbene Streifen im Haar und auf dem Kopf die Brautkrone, die an eine Garbe erinnerte, in den Händen ein feines, hellweißes Tuch – hell wie dieser Morgen.

Als Konfirmandin hatte er sie gekannt, als junge, heranwachsende Jungfer aus der Nachbarschaft, als die durchaus freundliche Tochter der Persons gegenüber – auf sie geachtet hatte er nie. Heute erst, aber heute, als gehöre sie immer schon zu ihm. Ella! Sie wollte er heiraten, mit ihr den Hausstand, die Familie gründen; Olof war verliebt und entschlossen: Sie sollte es sein. Zuvor hatte er ab und an ans Heiraten gedacht, weil es ja gute Sitte war, zu jedem Mann, der auf sich hielt, gehörte eine Frau, die – wenn möglich – etwas darstellte. Dass er bisher noch keine gefunden hatte, hatte ihn verdrossen. Nun sah er sie vor sich, nun würde sich sein Leben zu seiner Zufriedenheit wenden. Gleich morgen wollte er sich vorstellen, bei den Eltern und bei ihr, gleich am nächsten Tage würde er beginnen, um sie zu werben. Olof lächelte, als er diesen Beschluss gefasst hatte – aber er lächelte nicht lange. Drei Wochen später schon kehrte der Verdruss wieder ein in seine Stube.

Olof hatte bei den Eltern vorgesprochen, die angetan schienen von der guten Partie, die der Tuchhändler darstellte – wenngleich von Hochzeit noch nicht die Rede war. Er hatte es auszusprechen noch nicht gewagt, er wollte nicht mit der Tür ins Nachbarhaus fallen, er mochte Ella erst an sich gewöhnen und sie sehen lassen, welche guten Seiten er hatte und was sie gewinnen würde, wenn sie in sein Haus einzog. Sie selbst begegnete ihm sehr verhalten, zog sich rasch zurück, wenn er mit ihren Eltern in der Stube saß und den neuesten Tratsch mit ihnen teilte, den ihm die Kundschaft ins Haus trug. Märta, seine Mutter, sagte, dass Ella ein tugendhaftes Mädchen sei und auf die Sitte, die Formen achte, darum zeige sie ihre Gefühle nicht offen; er solle nur zuwarten und gewiss würde sich bald einmal die Gelegenheit bieten, sie allein anzutreffen und ein paar offene Worte mit ihr zu tauschen, über ihren Liebreiz und seine Gefühle, seine Pläne.

»Bald einmal« bot sich eine andere Gelegenheit, die er sich nicht gewünscht hatte. Zwanzig Tage – Olof zählte jeden Tag, seit er Ella für sich entdeckt hatte – nach dem beeindruckenden Sommermorgen kam Besuch bei den Persons vorbei: ein blutjunger, blonder Mann, der daherschlenderte, als sei er ein vertrauter Gast. Er lupfte den Hut, um Kristin zu grüßen, die mit Ella auf der wenig vertrauenswürdigen Bank vor der Haustüre saß, um für einen Moment den Abend zu genießen, bevor Stall und Stube zu bestellen waren. Olof hatte sie schon eine Viertelstunde beobachtet, erneut berührt und verliebt, sie waren in ein offensichtlich ernsthaftes Gespräch vertieft. Vielleicht war er selbst der Gegenstand ihres Plausches, denn er meinte zu bemerken, dass Ella zwei, drei Mal verstohlen in die Richtung seines Hauses schaute. Das konnte ihm nur willkommen sein. Sie hatten also verstanden, dass er sich Hoffnungen machte; er würde bei der nächsten Begegnung etwas deutlicher werden können. Und Ella schien sich Gedanken zu machen um ihn.

Da kam der sehr junge Bursche forschen Schrittes in die Straße, blieb vor dem Haus der Persons stehen, grüßte die Kristin mit einer leichten, eleganten Verbeugung und richtete einige Worte an Ella. Als Olof merkte, was die kleine Rede bei Ella ausrichtete, war er schockiert. Sie strahlte, ein Lächeln ging über ihr Gesicht, das er selbst von ihr zuvor und in diesen drei Wochen noch nicht gesehen hatte. Es war mit Händen zu greifen, er konnte es nicht fortleugnen: Ella liebte diesen Kerl, wer immer das war. Mag sein, er hatte ihn beim Kirchgang oder auf einem der Ernte- oder Sonnwendfeste schon einmal gesehen und nicht weiter beachtet – er kannte ihn nicht. Und wusste doch in diesem Moment, dass Ella für ihn verloren war. Olof seufzte laut, für einen Moment vergaß er zu atmen, er fiel in den grünen Sessel, der hinter ihm stand, schloss die Augen und begann zu weinen, sehr leise, als wollte er vermeiden, dass die drei da draußen ihn hören könnten, was sicher nicht möglich war.

Es dauerte etliche Tage, bis Olof sich wieder so weit erholt hatte, dass er unter Menschen gehen konnte. Zwei Tage hatte er, was sehr ungewöhnlich für ihn war, tatsächlich den Laden geschlossen, und es verletzte ihn abermals, als Kristin herüberkam, um sich nach ihm zu erkundigen, weil sie sich sorge. Zum Glück hatte die Mutter geöffnet, die Kristin versicherte, dass alles in Ordnung, Olof nur ein wenig unpässlich sei.

Der Tuchhändler erkundigte sich nach dem jungen Mann. Weil der am Abend, an dem er ihn zum ersten Mal gesehen hatte, eine grobe, feste, schwarze Hose trug und eine robuste Jacke, vermutete er ihn bei den Bergleuten (Der Vater hatte diese Kluft auch immer getragen: »Der Bergmann hat sein Totenkleid immer an!«. Manchmal war er nur mit Nachdruck davon zu überzeugen gewesen, dass sie für den Sonntagmorgen beim Gottesdienst nicht angemessen sei.) – zu recht, wie sich bald herausstellte. Er hieß Mikkel, war vor vier Jahren allein, ohne Eltern und Verwandtschaft, nach Falun gekommen, von der großen Insel Gotland – wie es hieß, um Abenteuer zu suchen, ein gutes Auskommen und vielleicht eine neue Heimat, weil Gotland sich nach dem großen Krieg nicht wieder erholt hatte. Ein Fremder war er in Falun, und als ein solcher zuerst nicht sehr geschätzt. Aber da die Stadt und der Bergbau zupackende Männer brauchten, die die Grube nicht fürchteten und sich im Schacht bewegen konnten, wurde er willkommen geheißen; Mikkel war ein freundlicher Mensch, der die Vorarbeiter achtete und die Kumpel schätzte, der sich ab und an mit neuen Ideen zur Sicherung der Stollen hervortat und doch kein Besserwisser war. Er trank seinen Krug Bier mit den Freunden, aber schlug nie über die Stränge. Auffällig war er nie, hatte auch kein besonders hübsches Gesicht oder Arme, mit denen er prahlen konnte, doch er war wohl gelitten.

Olof fragte nicht und wollte nicht wissen, wie Ella und Mikkel aufeinander aufmerksam geworden waren; sicher war, dass sie sich einander versprochen hatten. Spätestens als Nachbarin Kristin zu ihm herüberkam, um Stoffe für die bevorstehende Vermählung in Augenschein zu nehmen, die sie kaufen und dem Schneider anvertrauen wollte – außerdem wollte sie des Tuchhändlers Rat zur Aussteuer einholen –, konnte es daran keinen Zweifel mehr geben. Für Olof war kein Platz in Ellas Herzen. Mit viel, viel Mühe – und ohne mit irgendeinem Menschen darüber zu sprechen – versuchte er, das einzusehen.

Mutter Kristin war feinfühlig, denn sie hatte mit Mann und Tochter gewiss bemerkt, welche Hoffnungen er hegte; als

sie zur Stoffauswahl kam, verlor sie darüber kein Wort. Diese
Begegnung war ihm bereits schwergefallen, noch schmerz-
hafter war es, als Ella selbst in den Laden trat. Zuerst sah sie
sich vorsichtig um, als sei sie unsicher, ob sie den großen
Raum betreten dürfe. Tatsächlich hatte sie bis heute noch
keinen Fuß über seine Schwelle gesetzt, sie hatte ja auch keinen Anlass dazu gehabt – um ihre Kleider hatte sich immer
die Mutter gekümmert und die Verliebtheit ihres Nachbarn
konnte sie nicht dazu bewegen, sich seinem Hause zu nä-
hern. Ihre Unsicherheit wich rasch fester Entschlossenheit,
Ella hatte ein Anliegen und als einziger Tuchhändler am Ort
hatte nur er die Möglichkeit, ihm zu entsprechen. So atmete
sie durch, was Olof deutlich bemerkte, und trat auf ihn zu.

Mit fester Stimme bat sie ihn um Beratung. Sie wolle ihrem Verlobten ein Geschenk machen, das ihn an sie erinnere,
wenn er in den Schacht fuhr und Tag um Tag bei schlechtem
Licht und unangenehmer Feuchte schuftete, nicht allein für
die Minengesellschaft und den Kupferbau, sondern um für
sie und sich ein Zuhause zu schaffen, in dem sie glücklich
sein und – so Gott es geben wolle – Kinder um sich scharen
könnten. Sie wollte, dass er sie nicht nur im Herzen trug,
sondern ein Zeichen von ihr hatte, das er mit Händen greifen konnte. Olof schwieg zuerst, so, als denke er nach, um
ihr gut zu raten, in Wahrheit kämpfte er mit Seelenweh und
Rührung und konnte ihre Gegenwart in seiner Ladenstube
kaum ertragen. Doch wollte er sie's nicht spüren lassen, aus
Zuneigung zu ihr, aus Achtung vor der jungen Liebe und
weil er sich die Blöße einer Schwäche nicht geben wollte.

Nach einer langen Minute schritt er auf sie zu, bat sie in
die Mitte des Ladens und beugte sich an ihr vorbei über ein
apartes Tischchen, auf dem er die besonderen Stoffe ausstellte,
die, die sich nicht jeder leisten konnte, mit denen die Frauen

beim Tanz und beim Bankett kokettierten, wenn der Ehemann ihr einen solchen gekauft hatte. Noch ehe Ella sich's versah, legte er ihr ein quadratisches schwarzes Tuch in die Hand, das sich anfühlte wie aus Seide (doch Ella hatte noch nie Seide berührt, sie meinte nur, so müsse sie sich anfühlen), gerade groß genug, um es als Schal um den Hals zu binden. Das müsse es sein, sagte Olof, das Schwarz sei die Farbe der Bergmannskluft, haargenau dieser Ton, wie abkopiert, obwohl das Tuch aus völlig anderem Material sei, wertvoll, feinste Werkkunst der Spinner und Weber, und doch beständig, das werde ihr über fünf Jahrzehnte oder mehr seine Dienste tun. Ella war sichtlich begeistert, was immer sie im Sinn gehabt hatte, ihrem Verlobten zu schenken, dieses Tuch stimmte sie sofort um, das sollte es sein! Doch gleich durchzog ein Hauch von Ernüchterung ihr Feuer: So schön es sei, das könne sie sich wohl nicht leisten. Da spürte Olof, der Geschäftsmann, betrübte Nachbar und verschmähte Freier in der Tiefe seines Herzens, dass er ein großzügiger Mann war und dass er der, die er liebte und doch nicht lieben durfte, nichts abschlagen mochte. Er legte das leichte, dunkle Tuch in ihre Hände, sie solle es an sich nehmen, als ein Zeichen seiner guten Freundschaft; und mit dem Stoff wünschte er ihr Glück, ein gesegnetes Hochzeitsfest und die Zufriedenheit von Mann und Frau, die sich einstellen mochte, wenn eine Ehe lange währte und beide ihren Platz gefunden hatten.

Ella war so erschrocken wie beglückt von so viel Freundlichkeit und konnte es gar nicht mehr fassen, als er ihr noch eine leuchtend rote, schmale Bordüre auf das Tuch legte, die solle sie mitnehmen und so könne sie ihrem Liebsten einen Rand um das Tuch nähen, der es unter den Schals und Bändern hervorhöbe, die die anderen Steiger um Hals oder Unterarm trügen. Überglücklich und bar jeder Sorge, Olof könnte ihr gram sein, weil sie seinem stillen Werben nicht gefolgt war, dankte Ella überschwänglich, empfahl sich seiner Mutter und verließ beschwingten Schrittes den Laden, in dem sie Olof traurig und ratlos zurückließ. Was würde aus ihm werden, wenn die, die er für seine einzig mögliche Ehefrau hielt, nun den Bund der Ehe mit einem anderen einging, von dem er wohl mancherlei wusste, aber den er nicht kannte?

Und auch nicht kennenlernen würde. Mikkel zog ins Nachbarhaus nicht ein, Mikkel wurde kein geachteter Bürger der Stadt, Mikkel erfuhr keine Vaterfreuden, stieg in der Mine nicht zum Vorarbeiter auf, wurde nicht Mitglied des Gemeinderates, tat sich in der Pfarre nicht hervor, wurde nicht alt. Denn Mikkel starb. Ella konnte ihm das rotbekränzte Tuch nicht mehr geben, ohne ihr Geschenk blieb er im Schacht.

Es war nur zwei Tage, nachdem Olof Ella beschenkt hatte. Sie saß wohl über dem Nähtisch und brachte die Bordüre an, Olof trank noch einen starken Kaffee, bevor die Kundschaft kam, wie er's gewohnt war – da gab es ein mächtiges Getöse im Norden der Stadt und der Boden schien kurz zu beben, Olofs Tasse klirrte auf dem Tisch und die Gardinen schwankten etwas hin und her. Alle in Falun wussten, aus unheilvoller Erfahrung, dass dies mit dem Bergwerk zu tun haben musste. Es war ein Unglück geschehen.

Tatsächlich war ein sehr tiefer Schacht eingebrochen, in dem nur die Erfahrensten arbeiten durften. Später hieß es, einige der Stützen seien nicht gut montiert oder das Holz schon zu alt gewesen; jedenfalls gab es einen Einbruch über zwanzig Schritte Wegs. Als das Beben durch die Stadt ging, eilten viele Mütter und Kinder, Ehefrauen und Älteste sofort zur Zeche, fürchtend, dass es einen der Ihren, den Mann oder

Sohn, den Freund oder Schwager getroffen haben könnte; ein großes Aufatmen ging durch die Menge, als nach geraumer Zeit einzelne oder kleine Gruppen von Bergleuten aus der Öffnung des Schachtes wankten oder krochen, über und über bedeckt mit Staub und schwarzer Erde und mit dem feinen Glast des Erzes. Alle kamen heraus, es gab verhaltene Jubelschreie und erleichtertes Weinen, der Minenbesitzer, der sich in den hintersten Reihen aufgehalten hatte, um den Ärger der Faluner nicht zu schüren – denn immer wieder gab es Kritik an seiner Sparsamkeit und der Gefahr, die er heraufbeschwor, wenn er schlechtes Holz verwenden ließ oder Befehl gab, die Stützen auseinander zu ziehen –, wollte schon ein paar Schritte vortreten und zur Beruhigung sagen, dass es doch so schlimm nicht gewesen sei, dass alle Beteiligten nun zwei Tage Urlaub nehmen dürften, die er in seiner Großzügigkeit jetzt gern gewähre, da ging ein Schrei über den Platz vor der Zeche, der alles Gemurmel und alles Weinen übertönte, ein Schrei, der ein Name war und der aus der Kehle der Ella drang: Mikkel? Wo ist Mikkel?

Da merkten sie, dass einer fehlte. Der junge Mann, der Mikkel, der so glücklich eingefahren war, um für seine Geliebte und ihre gemeinsame Zukunft zu arbeiten. Sofort machten sich vier oder fünf der altgedienten Steiger wieder in den Schacht auf, um den Kumpel zu suchen. Der Besitzer wollte es ihnen verwehren, damit nicht noch mehr geschehe, aber sie ließen sich nicht abbringen. Keiner solle da unten bleiben! Doch sie fanden ihn nicht, nach Stunden, nach Tagen nicht. Mikkel blieb verschwunden – und den Schacht konnten sie nicht mehr tiefer treiben, sie hätten die ganze Mine verdorben.

Als Allerletzte verließ Ella den Ort der Katastrophe, untröstlich, und Olof hatte sie seither nie mehr lächeln gesehen.

Von diesem Abend an war sie verzweifelt, leblos in ihrem Innern, als sei ihr Herz, ihr Atem mit ihrem Liebsten in der Mine geblieben, für alle Tage verloren, unwiederbringlich, und das Dasein fühlte sich an wie ein irrer Gang durch kalte Nebel, durch Niesel und Dämmerung. Ella glaubte, nie wieder etwas anderes fühlen zu können als Trauer und Verlust, und Olof verstand sie darin, hatte er dies eben doch selbst erfahren, nicht so jäh und grausam, aber schmerzhaft genug. Als sie vom Platz vor der Zeche nach Hause wankte, an den Armen von Peer und Kristin und doch von aller Welt verlassen, ging er hinter den dreien her, in gehörigem Abstand. Doch nicht nur, weil sie denselben Weg nach Hause hatten, sondern weil er vermeinte, auf sie achten zu müssen, der das Herz zerbrochen war, deren Glück von einem Augenblick auf den anderen verweht war.

Und so hielt er es all die Jahre, die folgten. Er hatte ein Auge auf Ella, er half ihr, ohne sich aufzudrängen, er unterstützte sie, als erst der Vater, dann die Mutter starb, nur kurze Zeit danach, und da Ella nicht heiraten wollte und von ihrer Liebe zu Mikkel nicht ließ, wurde er ihr zum Freund, auf den sie sich verlassen konnte, der keinen Dank erwartete. Olof hatte Ella vor sich, jeden bittersüßen, glücklich-schmerzhaften Tag, bei sich hatte er sie nicht.

Einmal – es muss zwölf Jahre nach Mikkels Unfall gewesen sein – wurde er unwirsch und sprach sie an, zwei Tage nach dem Luciafest, neun Tage vor der Weihnacht. Er pochte an ihre Haustür, so hart, dass er selbst erschrak darüber, und als sie öffnete, fuhr er sie ohne Gruß an, warum sie denn allein bleiben wolle, sie könne doch jeden haben, sie, die Schöne und Gute, er selbst würde um ihre Hand anhalten, wenn sie ihm nur ein kleines Zeichen gäbe; und bei ihm würde es ihr doch gewiss nicht schlecht gehen, er hatte sie immer schon geliebt; oder müsse er der zurückhaltende Nachbar bleiben, der sich schließlich um sie kümmere; und zu alt, eine Familie zu gründen, seien sie doch beide noch nicht. So brach es aus ihm heraus, atemlos und allzu laut trug er seine Rede vor, er konnte nicht mehr an sich halten, in seinen raschen, unbedachten Worten lagen aller Schmerz und alle Leidenschaft, lagen Verzweiflung und Wut auf das Schicksal vieler einsamer Jahre, in denen er durch seine Stubenfenster gesehen hatte – und manchmal durch die ihren, wenn er sich nachts oder winters in ihren Garten geschlichen hatte – auf die nahe, ferne Ersehnte und ihr dunkles Haus. Mit rotem Kopf stand er vor ihr und machte aus seinem Herzen keine Mördergrube, scherte sich auch nicht darum, ob die anderen Nachbarn ihn hören konnten. Ella aber schaute ihn nur an, verwundert und mit einem so wehen Blick, dass er sofort verstummte und minentief bedauerte, diesen Auftritt je gewagt zu haben.

Für gut zwei Wochen zog er sich zurück und sie ging nur zu den Morgen- und Abendstunden vor das Haus, um ihm nicht zu begegnen. Dann grüßten sie einander wieder, Olof nahm die Freundschaftsdienste wieder auf und sie ließ es wie gewohnt und freundlich-dankbar geschehen. Über die winterliche Abendstunde verloren sie kein Wort.

Unterdessen wurde die Stadt Lissabon in Portugal durch ein Erdbeben zerstört und der Siebenjährige Krieg ging vorüber, Amerika wurde frei und erklärte, dass jeder Bürger seine Rechte habe, in Frankreich erhob sich der dritte Stand zur Revolution, Napoleon überzog das Abendland mit seinen Feldzügen und machte sich zum Kaiser, die Konkurrenz in England arbeitete mit einem Monstrum, das sie Dampfmaschine nannten, in Wien starb der Mozart, Beethoven wurde blind, die Dichter dichteten, die Ackerleute säten und schnitten. Der Müller mahlte und die Schmiede hämmerten und die Bergleute gruben nach den Metalladern in ihrer unterirdischen Werkstatt.

Auch die Bergleute von Falun taten das, im fünfzigsten Jahr oder mehr nach Mikkels Tod. Sie gruben tief, an Orten, denen sie ansahen, dass hier schon gearbeitet worden war, aber entweder hatten die Flöze nichts hergegeben oder sie waren aufgespart worden für ein anderes Mal. Das sollte jetzt sein, jedenfalls wollten sie es versuchen. Mag sein, Gott würde sich erbarmen und die Arbeit segnen – so langsam schien die Zeche ohnehin erschöpft.

Einige Tage nach dem Osterfest machten sich die jungen Bergmänner, die noch sehr kräftig waren und denen der dumpfe Atem der Mine noch nicht auf die Brust geschlagen war, an einer Stelle zu schaffen, die aussah, als wäre hier vor vielen Jahren ein Stollen eingebrochen. Mit ihren starken Schaufeln räumten sie erst eine gute Menge staubbedeckten Schutts beiseite – die Lorenschieber hatten viel zu tun und schwitzten –, um auf große Brocken zu stoßen, für die sie Haken und Meißel brauchten. Die ersten Schläge zeigten, dass die Steine von kleinen Kupferadern, von Erz durchzogen waren, was ihnen Hoffnung auf größere Ausbeute machte. So hieben und stießen sie weiter voran – gewiss, von den Alten gelobt zu werden –, bis sie mit einem Mal durch die Wand brachen und im fahlen Licht der Laternen einen fertigen Stollen fanden, den sie nicht erwartet hatten und der Jahrzehnte alt sein mochte. Und von dem sie nie gehört hatten, der auf keiner Grubenkarte verzeichnet war – doch waren die ohnehin nicht sehr genau, da mochte manche Ecke, mancher Gang vergessen worden sein. Hochgemut arbeiteten sie sich weiter vor, vielleicht würden sie Glück haben und könnten das vor alters Begonnene gewinnbringend fortsetzen. Einer von ihnen, Birger mit Namen, war der Mutigste. Als die Öffnung in der Wand mannsgroß war, so dass er hindurchkriechen konnte, um genauer nachzuschauen, was sie antreffen würden, krabbelte er auf Händen und Knien nach vorn, ein Licht in der Hand, so dass er sich den Kopf nicht stoßen musste – und kaum streckte er den Kopf in die Höhle, schrie er auf.

Was geschehen sei, wollten die anderen, durchaus angsterfüllt, wissen, und ob ihm um Hilfe bang sei; er aber rief nach hinten, mit wieder fester, tapferer Stimme, dass hier einer liege. Ein junger Bursche, lebendig, aber schlafend, so weit er, Birger, sehen könne. Und sie verstanden es alle nicht, wie denn der hierhergekommen war – einen anderen Eingang zum Stollen gab es ganz gewiss nicht. Ein Zweiter kroch dem Kundschafter nach, zusammen betrachteten sie ihn näher, zupften an ihm, hielten die Wangen vor Mund und Nase, abwechselnd, um zu erspüren, ob er noch atme, aber da war kein Hauch. Nein, sie hatten es mit einem Toten zu tun. Die Freude an diesem Stollen war ihnen vergangen, wo einer ums Leben kam, ist nicht gut graben, das bringt Unglück. Dieser Fund ließ sie um ihr eigenes Leben fürchten, das unter Tage immer gefährdet war. Vermutlich war diese Stelle der Zeche deshalb auch aufgegeben worden, nachdem die Erde hier einen Schlag getan und einen unter sich begraben hatte.

Unter sich begraben – und erhalten. Sie waren erstaunt und ein Schrecken mischte sich in das Staunen, dass der, der da vor ihnen lag, diese Mumie, wirkte wie einer, der sich eben kurz zur Ruhe gelegt hatte und nun von ihrem Lärm alsbald erwachen müsste. Jahrzehnte musste er hier gelegen haben, aber sie hatten einen jungen Mann entdeckt, in der zeitlos-immergleichen Kluft der Bergleute. Er schien leben-

dig und war doch tot. Zunächst ließen sie ihn in seiner To-
desruhe und eilten zu fünft oder sechst, wie viele sie eben
waren, zu den Leitern und Treppen, um die Vorarbeiter und
den Minenbesitzer (es war bereits der Enkelsohn des alten,
den wir schon kennengelernt haben) von ihrem Fund zu
unterrichten. Einer der Erfahrenen stieg wieder mit ihnen
hinab, sah die jung gebliebene Leiche und erklärte, dass das
Grünsalz, das Eisenvitriol, auch Kupferwasser genannt, das
ausrichten könne: einen Leichnam erhalten über viele, viele
Jahre – und hier unten gebe es auch keine Jahreszeiten, keinen Wechsel von Kälte und Hitze –, aber mit eigenen Augen
gesehen habe er so etwas noch nie.

Der Bürgermeister beschloss, dass dieser Fund noch nicht
ruchbar werden solle, doch da war die Nachricht schon
längst auf dem Weg durch die Stadt – und erreichte Olof in
seiner Tuchhändlerstube. Der wusste sofort, um wen es sich
handeln musste: Es war der alte Nebenbuhler, Mikkel, um
den Ella trauerte ihr Leben lang, dessentwegen er selbst nie
einen Platz in ihrem Herzen gefunden hatte. Sein Leichnam
war tatsächlich nie gefunden worden, auch wenn die Kumpel
damals noch tagelang gerufen und in anderen Stollen nachgesehen hatten, in die er sich gerettet haben könnte – an den
eingestürzten wagten sie sich nicht.

Mikkel, wieder zurück in seinem, Olofs Leben – und in
ihrem, dem der betagten Witwe. Olof war sofort alarmiert:
Sie sollte es nicht durch den Tratsch der Leute erfahren, sollte
geschont werden, wenn sie davon hörte, und nicht verletzt
werden durch die grell ausgemalten Schilderungen der Sen-
sationsgier der Leute in Falun. Darum machte er sich stehen-
den Fußes auf zum Nachbarhaus, pochte zuerst zaghaft, dann,
als sie sich nicht rührte, mit Macht an ihre Tür; mag sein,
Ella hatte ihn schon gesehen und wollte ihn nicht eintreten

lassen – auch wenn sich die Gelegenheit, sie zu besuchen irgendeiner Handreichung, einer kurzen Vereinbarung wegen, gar nicht so selten einstellte, wusste Olof doch, dass er ihr nicht willkommen war. Aber nun musste sie ihn empfangen. Was sie auch tat. Mit einem Ruck öffnete sie die Haustür, sah ihn an mit offenem Blick, erwartend, was er zu sagen habe.

Mikkel sei gefunden worden, gab er ihr so sanft als möglich, mit Zärtlichkeit in der Stimme, zu verstehen; er wolle es ihr als Erster gesagt haben, da sie einander doch vertraut seien und damit nicht irgendein Hergelaufener sich mit unangemessenen Worten verplappere. Ella schaute ihn einen kurzen Augenblick lang eindringlich an, als wolle sie prüfen, ob Olof nach all den Jahren nicht immer noch etwas im Schilde führte und nun mit einer neuen Idee aufwartete, wie er sie so spät, am Abend ihrer beider Leben, doch noch für sich gewinnen könnte. Aber sie merkte, dass er ihretwegen gekommen war, um ihr diese Nachricht, die sie für echt und gültig halten musste, mit Schonung zu überbringen. Dafür war sie dankbar – und fragte gleich, wie Mikkel aussehe. Es heiße, antwortete Olof, so viel er gehört habe von der neugierigen Kundschaft im Laden, es heiße, dass er noch derselbe sei, dass der Stollen ihn erhalten habe, gerade so, wie er vor über einem halben Jahrhundert eingefahren sei.

Als Ella das hörte, wankte sie und schloss die Augen, gab sich für einen Augenblick der Fassungslosigkeit hin, dem Schmerz der Jahre ohne ihren Liebsten, der Ratlosigkeit, ob das wirklich zu glauben sei. Sie schien ohnmächtig zu werden, doch Olof fing sie auf, so dass sie nicht stürzen konnte. Zum ersten Mal, seit er sie liebte, hielt er sie in seinen Armen, als der gute Freund, der er ihr geworden war, bei aller Distanz zwischen ihnen. Behutsam geleitete Olof Ella zur Bank vor dem Haus; nachdem er ihr aus ihrer Küche ein

Glas Wasser besorgt hatte, von dem sie nur wenig trank, fand sie wieder zu ihren zähen Kräften, mit denen sie an ihrer Trauer festgehalten und sie Tag um Tag allein bewältigt hatte. Dass sie ihn sehen wolle, sagte sie bald, und Olof verstand es nicht als Bitte, vielmehr als Befehl.

Der Tuchhändler versprach, sich zu erkundigen, wann das möglich sei, versicherte sich, dass er sie alleinlassen konnte, und machte sich auf den Weg zum Rathaus, um Fürsprache für Ella und ihren Wunsch einzulegen. Dort stieß er jedoch auf keinen Widerstand, seine Befürchtung, man würde sie nicht vorlassen wollen, war unbegründet. Keine drei Stunden, nachdem Ella vom Fund erfahren hatte, stand sie vor ihm, ihrem Geliebten, Mikkel – und er war derselbe wie vor über fünfzig Jahren. Erst sank sie vor der geliebten Leiche nieder und als sie sich von einer langen, heftigen Bewegung ihres Gemüts erholt hatte, sprach sie, laut genug, dass alle Umstehenden – und wenige waren das nicht – es hören mussten, dass dies ihr Verlobter sei, um den sie fünfzig Jahre lang getrauert habe und den Gott sie nun noch einmal sehen lasse vor ihrem Ende. Dann kniete sie vor der Bahre nieder, auf die sie ihn gebettet hatten – jemand hatte ihm einen Stein aus dem Stollen und ein Büschel Kräuter in die Hand gelegt. So verharrte sie, über viele Stunden bis tief in die Nacht; immer wieder streichelte sie ihm den Arm und die Stirn, sie legte das schwarze, rot gesäumte Tuch, das sie als ihr Heiligstes aufbewahrt hatte, um seinen Hals, und in ihrem Herzen übersprang sie ein halbes Jahrhundert und es war ihr, als habe sie das Tuch gesäumt für genau diesen Tag, an dem sie ihn wiedersehen würde. Sie dankte Gott, dass er nicht entstellt war, so dass nur sein farbloser, fleischloser Leichnam vor ihr zu liegen gekommen wäre – nun konnte sie Abschied nehmen, darauf hatte sie gewartet. Mikkel aber blieb stumm.

Derweil stand Olof all die Zeit im selben Raum, zurück-gezogen an eine gelbe Wand, weinte mit ihr und teilte ihre Wehmut und ihr herzzerreißendes Glück, den Liebsten wie-derzusehen. Auf das Praktische gestimmt, wie er war, über-dachte er Ellas Geschick und da er wusste, dass sie das Geld nicht haben würde, um ihren wiedergewonnenen Verlobten zu bestatten, beschloss er, dafür einzutreten. Mit dem Be-statter und dem Herrn Pastor besprach er sich dann auch in einem günstigen Augenblick, da Ella es nicht merken konnte, die ganz in sich gekehrt war und alle Sinne auf den toten Mikkel gerichtet hatte. Mikkel hatte keine Anverwandten in der Stadt, darum musste, sollte er nicht als Namenloser ver-scharrt werden, irgendwer anders die Rechnung begleichen, und Olof wollte das tun; er konnte es sich auch leisten.

Das Grab war rasch gerüstet, der Pastor sprach die be-sonders zu Herzen gehende Leichenpredigt, um die Olof ihn gebeten hatte (zur Bitte tat er noch ein paar Taler für die Sonntagsschule dazu), die Menschen in Falun waren bewegt und begleiteten Ella auf dem letzten Gang ihres Geliebten, als sei er ein hervorragend Geachteter der Gemeinde gewe-sen. Ob seines und Ellas Schicksals blieb kein Auge trocken, und die Alten erzählten den Jüngeren und den Kindern, was vor über fünfzig Jahren geschehen war, und lobten Ella vor ihnen, weil ihre Treue so beständig, ihre Liebe so vollkom-men geblieben war.

Als Mikkels Leichnam zu Grabe getragen und bestattet war, als Ella und die halbe Stadt Abschied genommen und sie den Leichenschmaus im Gasthaus beendet hatten, zu dem viele Gäste geladen waren und noch andere kamen, die keiner geladen hatte, begleitete Olof seine Nachbarin nach Hause, damit sie in der einbrechenden Dunkelheit nicht stol-pere oder sich fürchte. Sie sprachen kein Wort, beide waren in dunkle Gedanken versunken. Ella dachte an all das, was hätte werden können, hätte ihr die Grube den Geliebten nicht genommen, Olof rätselte über die Worte, die sie am offenen Grab gesprochen hatte.

Mikkel solle sich die Zeit nicht zu lang werden lassen, hatte sie gesagt, und dass sie ihm bald folgen werde, weil es nun nicht mehr viel zu tun gebe. Sie komme bald – und warte nun auf das, was jenseits des Grabes zu finden sei. Olof muteten diese Worte sehr seltsam und unverständlich an, und dass sie ihr helles Sonntagskleid zur Trauerfeier getragen hatte und nicht, wie er und alle es erwartet hatten, ihre schwarze Witwentracht, in der sie am allerhäufigsten zu sehen gewesen war, nahm ihn nicht weniger wunder. Ob sie nun doch, nach so viel Last über die Jahre und diesem Schrecken vor Tagen, verwirrt geworden und aus der Welt gefallen war? Dafür sprach auch, dass sie sich nach ihren dunklen Worten vom Grab abgewandt und nicht mehr hingesehen hatte. Vielmehr war sie, als die segensreichen Handlungen vollzogen waren, davongegangen, ohne sich noch einmal umzuwenden.

Dass es nach dem Ableben ein Wieder-Aufleben gebe, das war allgemeine Christenlehre (Pastor Berling wird sich ihrer Worte gefreut haben), doch in ihren Abschiedsworten lag noch etwas anderes – als habe der Herr mit diesem Wiedersehen, auf das sie sich und ihren Mikkel vorbereitete, nicht viel zu schaffen. Die Kraft ihrer Liebe und Treue war es wohl, auf die sie baute, einer Liebe und Treue, die sich ein Leben lang als beständig erwiesen hatten, an denen sie nicht zweifeln musste, wohingegen die Urständ nur Glaubenssachen waren, auf die sich der Mensch nicht unbedingt verlassen konnte. Einer Liebe, die so lange durchgehalten und sich auch vom Tod nicht ins Bockshorn hatte jagen lassen.

Nach Feier und Schmaus – Ella hatte nach ihren Worten am Grab nichts mehr gesagt – gingen sie beide durch die Stadt ihren Häusern zu. Olof wachte über sie, damit keine und keiner sie anspreche, ihr nun allzu spät kondoliere oder sich sensationslüstern nach ihrem Befinden erkundige. Die Leute von Falun respektierten das, begegneten den beiden mit Achtung und Zurückhaltung. Bald waren sie durch die einsetzende Dämmerung hindurch an ihre Häuser gelangt. Mit einem Blick, in dem auch Dankbarkeit lag, verabschiedete Ella sich vor ihrem Hause wortlos von ihm. Danach sah er sie lebend nicht wieder.

Wie Olof es gewohnt war, versuchte er, am Stubenfenster stehend oder aus dem grünen Sessel heraus, einen Blick auf sie zu erhaschen, schon aus Sorge, ob es ihr wohl ergehe, nach diesem unglaublichen, außerhalb jeder menschlichen Vorstellungskraft liegenden, unverhofften Wiedersehen mit dem Liebsten. Aber sie trat nicht mehr vor die Türe. Nach zwei Tagen stellte der Tuchhändler seiner Nachbarin ein Körbchen mit Brot, Gurken und Kartoffeln vor die Tür, diese im eigenen Garten geerntet, jenes beim Stadtbäcker gekauft, damit sie essen solle und zu Kräften komme. Denn Olof wusste: Was die Seele verletzt, schwächt auch das Herz. Doch sie rührte die treue, freundschaftliche Gabe nicht an. Nach weiteren drei Tagen erneuerte Olof die Gaben und legte noch eine Flasche Wein hinzu, die er vor etlichen Jahren leichtsinnig einmal in Uppsala gekauft hatte, im unvernünftigen Überschwang der Freude über ein sehr gelungenes Geschäft. Damals war ihm durch den Sinn gegangen, er könnte den Tropfen mit Ella teilen, wozu es nie gekommen war. Nun schien ihm die Flasche ein geeignetes Geschenk, der Wein würde sie stärken und – vielleicht mochte es so sein – die Trauer für ein paar Augenblicke vertreiben.

Olof sorgte sich. Würde sie sich ein Leid zugefügt, Hand an sich gelegt haben, in diesem Schrecken, dieser Seelennot? Es war sehr ungewöhnlich, sie tagelang nicht vor dem Haus oder am Fenster anzutreffen. Freilich wollte er sie in ihrer selbst gewählten Einsamkeit nicht stören. Doch am zehnten Tag hielt der Tuchhändler es nicht mehr aus. Er ging hinüber, durch das rostig gewordene Gartentor, um an die Türe zu klopfen. Erst einmal zaghaft, fast hörte er sich selber nicht, dann mit Nachdruck, schließlich schlug er mit der Faust auf das Türblatt, so dass es die Nachbarn hören mussten. Aber drinnen regte sich nichts. Keine Stimme antwortete, kein Schlurfen ließ auf langsame Schritte schließen, keine Zimmertür fiel ins Schloss. Da fasste Olof sich ein Herz und öffnete die Tür, die sich kaum einmal für ihn aufgetan hatte. Er schlich den Flur entlang, schaute in die aufgeräumte Küche und die Stube, in der die Morgensonne mit ihren Strahlen etwas Staub erkennen ließ, der durch den Raum schwebte. Als er im Erdgeschoss Ella nicht finden konnte, selbst in der winzigen Vorratskammer suchte er, wagte er sich die knarrende Treppe hinauf. Von einem Nähzimmer wusste er – davon hatte Ella einmal erzählt – und von der Schlafstube, die er nun betrat, obwohl es ihm schien, dass er damit etwas Verbotenes tue. Im matten Licht – die Fenster lagen tief unter dem Dach – sah er Ella. In ihrem Bett lag sie, reglos. Sie hatte sich ein weißes Kleid angezogen, das wie ein Hochzeitskleid wirkte, in der Hand hielt sie das rotgesäumte schwarze Tuch Mikkels. Olof tastete nach ihrem Puls. Sie schlief nicht, sie war gestorben, lang konnte es noch nicht her sein, dass ihr Leben sich vollendet hatte. Friedlich lag sie dort, ihr Gesicht schien von einem Lächeln erhellt. Sie hatte sich nicht selbst entleibt, sie war einfach gegangen, Mikkel hinterher.

Getroffen und gerührt zog Olof sich wieder zurück. Ohne lange zu überlegen, ob es seine Aufgabe sei, informierte er den Totendoktor, den Leichenbeschauer, die Behörden und Pastor Berling, der wieder auf eine großzügige Gabe hoffen durfte. Olof ließ es sich angelegen sein, dass Ella neben Mikkel bestattet werden konnte, im gleichen kühlen Hochzeitsbett.

Wenige Tage später ordnete er seine Angelegenheiten. Kaum zwei Wochen nach Ellas Trauerfeier wurde Olof vermisst und gefunden, er saß in seinem grünen Sessel in der Ladenstube und sah – doch mit geschlossenen Augen – unverwandt zum Nachbarhaus hinüber. Er hatte auf eine Zeit mit ihr, jenseits ihrer Gräber, nicht hoffen dürfen; aber er wollte in dieser Welt nicht ohne sie sein. Olof war ihr hinterhergestorben.

Was frogsch no lang?
Die Ärztin aus Brasilien

So etwas ist ihm sehr peinlich. Nicht, dass er sonderlich pe-
dantisch wäre. Aber ein solcher Fleck. Auf der Bettdecke. Das
ist unmöglich. Da schämt er sich. Auch, wenn alle anderen
Verständnis dafür haben.

Zum Mittag gab es etwas mit Spinat. Den mag Haufe
ohnehin nicht. Und dann hatte er zu der Zeit noch sehr
zittrige Hände. Im Grunde funktionierte nur die rechte einigermaßen. Und auch da waren die Finger noch schwach.
Von der Notoperation vielleicht, die seine Nerven wieder
freigelegt hatte. Ein Tumor hatte sie eingeklemmt, so dass er
beinahe gelähmt gewesen war. An Beinen und Füßen vor
allem. Zeitweise eben auch an den Händen. Sie waren nicht
gefühl- und reglos. Aber beeinträchtigt. Und da passiert so
etwas schon mal. Er bekam den Löffel nicht recht unter
Kontrolle. Der Spinat tropfte auf das Krankenhaushemd und
die Bettdecke. Hässlich anzusehen. Auch wenn er mit dem
Handtuch, das um seinen Hals gelegt worden war, gleich ungelenk nachwischte. Lässlich, hässlich – und peinlich.

Ausgerecht da schaute Sophia noch einmal herein. Nicht
nach ihm. Eigentlich. Nach seinem Bettnachbarn. Dem es
nicht gut ging. Aber natürlich sah sie den unschönen Fleck.
Für den er sich schämte. Sie lachte nur. Sie hatten über solche
Missgeschicke gesprochen. Und dass er ja wahrhaftig nicht
daran schuld sei. Das gehöre eben nun zu seiner Krankheits-

geschichte. Aysche, die sehr freundliche junge Schwester, die immer eine Vielzahl von Kugelschreibern in der Tasche ihres Kasak mit sich führte, entdeckte die grüne Schande jetzt auch. Sie hatte gerade Haufes Werte abgelesen. Blutdruck. Sauerstoffsättigung. Puls. Und beeilte sich, die Bettwäsche zu wechseln. Das sei heute ohnehin vorgesehen gewesen, beruhigte sie ihn. Weil er sich entschuldigen wollte, ihr Mühe gemacht zu haben.

Dass er Sophia richtig kennenlernte, das muss nach der dritten Chemotherapie gewesen sein. Haufe hat die Tage und Zeiten nicht mehr so gut im Gedächtnis. Vollgepumpt wie er war, mit eigentlich todbringenden Medikamenten, ist manches in Vergessenheit geraten. Aber diese Begegnung nicht.

In jeder Therapiephase hatte er einen bestimmten Arzt oder eine Ärztin zur Seite, die ihn durch die jeweils fünftägigen Infusionsphasen begleiteten. Das hat ihm gutgetan. Er musste sich nicht jedes Mal auf ein neues Gesicht einstellen. Zwei Tage vor einer Chemo-Phase wurde jeweils eine Art Eröffnungsmedikation infundiert. Rituximap hieß die. Was lustiger klingt, als es ist. Dann kam die eigentliche Chemotherapie. Zwanzig Stunden am Tag lief der orangefarbene Wirkstoff durch den Port in seinen Körper. Er akzeptierte ihn. Hat sich aber nie mit ihm angefreundet. Jeder Chemobeutel bekam einen anderen Namen, den Haufe sich mit viel Humor ausdachte. *Hot Shot. Zimmer mit Aussicht. Ein Quantum Trost.* Oder: *Let it be, With a little Help from my Friends. Who by Fire.* Und ähnliche Titel aus Film und populärer Musik. Bei der Suche nach dem Titel gelang es ihm jeweils, etwas zu schmunzeln. Das gab ihm das Gefühl, ein wenig über das Gift zu bestimmen. Herr der Lage zu sein. So wie Adam den Tieren ihre Namen gibt. Im zweiten Schöpfungsbericht. In der Bibel. Als Zeichen seiner Macht über sie. Vermutlich hatte Adam nicht mit Spinatflecken zu kämpfen. Mit verschüttetem Kaffee. Oder den sich partout nicht öffnen wollenden Marmeladeportionsdöschen. Die verschafften ihm wieder und wieder ein Gefühl der Ohnmacht.

Das Lymphom, das sich bei Haufe eingenistet hatte, war nur mit dieser aggressiven Mixtur zu behandeln. Es zog sich dann auch zurück. Wie gewünscht. Überhaupt hat die Behandlung gut angeschlagen. Er war zwar sehr müde, musste sich ein paar Mal übergeben. Das Haar fiel aus. Von Therapie zu Therapie wurde er unkonzentrierter. Müder. Fatigue hieß das. Aber die Medikamentenmischung tat, was sie tun sollte. Seine Tumore, am Rücken, im Dickdarm, an zwei Lymphknoten, haben sich nach und nach zurückgebildet. Relativ rasch sogar, wenn er's bedenkt. Nach drei Monaten waren bei einer Computertomographie erste Erfolge zu sehen. Derzeit ist er ganz beschwerdefrei.

Während der Klinikaufenthalte hatte er zuerst ein Einzelzimmer. Weil er sich einen resistenten Keim eingefangen hatte. Den möchte kein Mensch. Aber immerhin hatte er seine Ruhe. Das sei mit Zurückhaltung erwähnt. Denn dadurch hat er den Ärzten, Schwestern und Pflegern nur mehr Mühe als ohnehin schon gemacht. Sie mussten sich ständig desinfizieren. Maske tragen. Sich einen dünnen Schutzmantel überstreifen. Und Handschuhe. Auch das ist ihm peinlich gewesen, wenn er jemanden um Hilfe bitten musste. Beim Essen. Beim Stuhlgang. Oder weil er kaum erträgliche Schmerzen hatte. Was oft vorgekommen ist. Es gab auch eine Menge Anwendungen, die sehr weh getan haben. Die Knochenmaterialentnahme an der Hüfte besonders. Oder die Lumbalpunktionen. Von denen er gar nicht wenige über sich ergehen lassen musste. Wenn er Unterstützung brauchte, musste er läuten. Und das ist doch ein ganz hässlicher Akt.

Als er klein gewesen war, Kind, hatte der Vater manchmal nach seinem älteren Bruder gepfiffen. Und nach ihm. Wenn es etwas zu tun gab. Unkraut jäten. Oder den Hof fegen. Das Auto waschen. Schon als Kind hat er solche Befehlstöne gehasst. Und sie als unwürdig empfunden.

Das Klingeln nach Schwester oder Pfleger ist nicht viel besser. Er hat es dann manchmal hinausgezögert. Immer in der Hoffnung, es käme ohnehin gleich jemand vorbei. Zu irgendeiner Verrichtung. Dann könnte er sein Anliegen ja vortragen. Aber oft genug kam niemand. Und weil er's irgendwann nicht mehr aushielt, musste er doch den Knopf drücken. Geradezu widerwillig. Aber in Not.

Trotz der Peinlichkeiten und Schmerzen kann er sich natürlich nicht beschweren. Haufe hat im Großen und Ganzen Glück gehabt. Ist glimpflich davongekommen. Bald war der Keim nicht mehr nachzuweisen. Er wurde entisoliert. Ein Wort, das er hasste. Da wurde er in ein Zwei-, einmal sogar in ein Drei-Bett-Zimmer verlegt. Das ist besonders nachts kein Vergnügen. Und gewiss nicht, wenn der Bettnachbar schnäuzt und schnieft. Und du alles bekommen solltest, nur keinen Infekt.

Seine Kollegen in den Betten nebenan waren in der Regel schlimmer dran als er. Besonders erinnert er sich an zwei:

Der alte Manfred hatte schon eine siebenjährige Krebskarriere. Ein Ende schien nicht absehbar. So lange hatte er auch seine Familie in El Salvador nicht gesehen, Frau und zwei Kinder. Weil sie nicht das Geld hatten für einen Flug herüber. Manfred gab sich als ganzer Kerl. Der so etwas wegsteckt. Aber in der Nacht, meinte Haufe, habe er ihn manchmal weinen gehört.

Ganz schlecht lag Frank da. Durch und durch einsam. Seine Familie wollte ihn nicht mehr. Als die Frage aufkam, ob er nach Hause könnte, um sich wenigstens ein paar Tage vom Klinikleben zu erholen, lehnten seine Frau, seine Kinder, seine Mutter ab. Er hat ihm ziemlich viel von sich erzählt. Das ist immer so, wenn die Leute erfahren, dass Haufe von Beruf Geistlicher ist. Als sei er damit besonders vertrauenswürdig. Jedenfalls sind ihm schon viele Lebensgeschichten berichtet worden, hat er einer Menge Lebensbeichten lauschen müssen. Auch wenn er das gar nicht wollte. Krank wie er gewesen ist. Da hatte er doch eigentlich mit sich selbst genug zu tun. Aber gut. Frank hat es wohl geholfen, dass einer ihm sein Ohr geliehen hat. Für ein paar Minuten. Richtig lange hat Haufe nie zuhören können. Also: Frank hat ihm viel und offen berichtet. Immer etwas im Flüsterton. Und wenn jemand das Zimmer betrat, hörte er sofort auf. Um dann wieder dort anzuknüpfen, wo er unterbrochen worden war. Aber Haufe konnte trotzdem nicht heraushören, warum seine Familie ihn so abgelehnt und abgelegt hatte. Das hat er wohl doch nicht sagen mögen. Oder selbst nicht gewusst.

Frank war kein gut erträglicher Gesprächspartner. Da ist Haufe leider empfindlich. Über die zweieinhalb Meter zwischen ihren Bettkanten hinweg konnte er Franks durchdringenden Mundgeruch wahrnehmen. Das war wohl seiner Krebserkrankung geschuldet, die Magen und Speiseröhre in Mitleidenschaft gezogen hatte. Natürlich hat Haufe nichts gesagt. Aber er war auch nicht unglücklich, wenn sein Nachbar selbst müde wurde. Und nicht mehr sprechen konnte. Zu seiner Erleichterung lag er, als er Frank begegnete, am Fenster. Das ließ sich einen Spaltbreit öffnen. Was Aysche oder Martin gerne taten, wenn er sie darum bat.

Mit ihm ist immer gut reden gewesen. Die Schwestern und Pfleger, die Ärzte und Reinigungskräfte haben das ab und zu gelobt. Das ist aber so seine Natur. Haufe bewältigt Krisen durch Sprechen. Indem er dem, was ihn umtreibt oder quält, Worte zu geben versucht. Oder indem er sich Worte leiht. Aus Gedichten, Liedern, Erzählungen. Vielleicht würde die eine oder der andere sagen, sein Krisenmanagement habe etwas von Geschwätzigkeit. Geschenkt. Ihm hilft's. Der Vorteil ist, dass er mit vielen ins Gespräch kommt. Redebedürftig wie er ist.

Für ihn war das wichtig. Um seine Krankheit und seine Therapie zu verstehen. Und wenn er sie versteht, nimmt er sie auch an. Er braucht das. Ihm ist nicht gedient, wenn er ständig gegen Angst und Schmerzen ankämpft. Er lässt sie zu. Und dann bekommen sie auch den angemessenen Platz. Sie sind da. Aber sie machen ihn nicht aus. Er kann sie nicht verdrängen und übersehen. Aber sie verstellen ihm auch nicht den Blick. Den Blick nach vorne. Auf das, was nötig ist. Damit er wieder frei atmen kann. Gehen kann. Mann und Vater und Freund ist. In seinem Beruf arbeitet. Die ganze Zeit hat er nach vorne geschaut.

Aber so etwas wie eine Zukunft nach dem Krebs ist nicht allen gegeben. Eher nebenbei war auf Station mitzubekommen, wenn ein Bett frei wurde. Ohne dass jemand nach Hause entlassen wurde. Einmal hat Haufe auch einen dieser grauen, angeschlagenen Transportsärge gesehen. Zwei Mitarbeiter, in schwarze Anzüge gekleidet. Was wohl für würdig und pietätvoll gehalten wurde. Sie trugen einen eher schweren Leichnam durch den Flur zum Lastenaufzug. Unter ihren schwarzen Schildmützen haben sie geschwitzt. Die Aufschrift auf ihren Kappen hat er nicht entziffern könnten. Wollte er auch nicht. Er weiß noch, wie seltsam er diesen Kontrast fand: hier der offensichtlich frisch renovierte Flur, mit einem Holzboden, der tatsächlich etwas knarrte. Mit cremefarbenen Wänden. Da der zerstoßene, graue Sarg und die eiligen, schwarzen Männer. Das Krankenhaus, in dem er lag, war ein alter, vermutlich denkmalgeschützter Bau. Aber alle, die darin Patienten waren, Krebsfälle, Zahlen an Zimmertüren, waren nicht geschützt. Bestimmt nicht. Ihnen konnten Verfall und Tod zusetzen, wie sie wollten. Haufe ist davongekommen.

Andere nicht. Was aus Frank und Manfred geworden ist, weiß er nicht. Sie haben Adressen getauscht und Telefonnummern. Aber das waren eher nicht eingestandene, verzweifelte Versuche, die Zeit zu verlängern. Etwas Bleibendes zu haben. Wenn ich dir jetzt meine Anschrift gebe, verständigen wir uns auf Hoffnung. Dass wir tatsächlich wieder einmal in Kontakt treten miteinander. Also leben. Doch sie haben nie wieder etwas voneinander gehört. Das heißt: Frank hat er einmal geschrieben. Aber keine Antwort bekommen. Hatte er auch nicht erwartet. Wer durch ist, will sich auch nicht wieder gleich mit der leidvollen Vergangenheit befassen müssen.

Erzählt sei von Feliz. Und von Sophia. Sophia de Oliveira.

Sophia. Nach einigen Gesprächen schlug sie vor, einander zu duzen. Sophia war eine der Ärztinnen, die ihn begleiteten. Nach einer Lumbalpunktion, die sie durchführen musste, hat er sie einmal geneckt. Dass ihm von der Begegnung mit ihr nun wohl eine Narbe bleibe. Sie hat herzlich gelacht darüber. Das konnte sie. Lachen. Obwohl ihr sicher oft nicht danach zumute war. Er war sicher, dass sie ihre Arbeit sehr gern machte. Gern und geflissentlich. Aufmerksam. Klaglos. Meistens war sie länger da, als ihr Dienst es von ihr forderte. Sie schaute gerne noch einmal ins Zimmer. Um zu erfahren, ob für heute alles gut sei.

Er kannte Sophia schon von der ersten Chemotherapie. Da war sie drei Tage lang für ihn zuständig gewesen. In Vertretung eines Kollegen, der in Urlaub war. Nach der Visite – die war immer ganz pünktlich um halbzwölf – blieb sie noch ein paar Minuten bei ihm. Scheinbar war er immer der Letzte auf der Liste der Visiten. So dass Sophia noch etwas Zeit für ihn hatte. Da er gerade erst mit der Therapie begonnen hatte, wurde natürlich auch gut geschaut. Beobachtet. Wie er's vertrug. Und ob sie ihn noch anderweitig medikamentös unterstützen müssten. Damit ihm nicht schlecht wurde. Oder schwermütig.

Die Ärztin de Oliveira unterschied sich ein bisschen von den anderen Stationsärzten und -ärztinnen, die er getroffen hatte. Was sehr auffällig und wohltuend war. Sie blieb, wenn sie miteinander redeten, nicht am Fußende seines Bettes stehen. Da hätte er dann angestrengt den Kopf heben müssen. Das war unangenehm und hinderlich, wenn er seine Liste mit Fragen an die Ärzte abarbeiten wollte, für die sie aber doch viel Geduld hatten. Sophia trat immer neben ihn, wenn die anderen aus dem Zimmer waren. Manchmal nahm sie sich sogar einen Stuhl. Und setzte sich neben das Bett. Zu seiner Rechten. So, als wäre sie zu Besuch. Und nicht im Dienst. Sie hatte die Angewohnheit, ihren Arm auf sein Bettgitter zu legen. Das Gitter brauchte Haufe tatsächlich, um nicht aus dem Bett zu fallen. Nach einer Notoperation an der Wirbelsäule hatte er nicht mehr gehen können. Sich nur ganz mühsam überhaupt bewegen. Aufzustehen war allein gar nicht möglich. Damit er sich nachts nicht einmal aus Versehen oder im Traum erheben wollte und dann über den Rand des Bettes geraten würde, hatte er eben das Gitter. Das ihm so peinlich war wie ein Spinatfleck. Aber es half ja nichts. Ein Sturz wäre eine Katastrophe gewesen. Indem Sophia ihren Unterarm auf dem Gitter platzierte, nahm sie es sozusagen gar nicht recht ernst. Sie entzauberte es. Es diente nur als Ablage. Er war sich nicht sicher, ob sie das absichtsvoll tat. Aber sie begann damit erst, als sie etwas vertrauter waren.

Dafür war er aufrichtig dankbar. Er hat ihr das nie gesagt. Aber damit hat sie ihm etwas von der Scham genommen, ein Gezeichneter und ein Kranker zu sein.

Sophia hatte in seiner Akte entdeckt, dass Haufe in der Kirche tätig war. Ein Theologe. Vielen Vertretern dieser Art wird sie hier noch nicht begegnet sein. Überraschend eigentlich. Denn dass die Damen und Herren im geistlichen Amt vom Krebs nicht verschont bleiben, das kann er mit Bestimmtheit sagen. Sie interessierte das.

Sagen Sie, Herr Haufe, wenn's für Sie nicht zu anstrengend ist: Darf ich Sie mal was Persönliches fragen?

Sophia sprach das in perfektem, leicht alemannisch gefärbtem Deutsch aus. Später hat sie ihm erzählt, dass sie als Kind mit ihren Eltern, die aus Freiburg stammten und die zuhause mit ihr immer Deutsch sprachen, nach Brasilien ausgewandert sei. Der Beruf des Vaters, selbst Arzt, hatte sie dorthin geführt. In die Provinz Minas Gerais, nach Belo Horizonte. Dort sei sie zur Schule gegangen. Habe mit der brasilianischen Entsprechung zum Abitur abgeschlossen. Für zwei Jahre freiwillig in einem Krankhaus gearbeitet. Am Rand der Millionenstadt. In einer ärmeren Gegend. Dann sei sie nach Deutschland gegangen. Um Medizin zu studieren. Nach Examen und Approbation habe sie ihren Mann, der aus Brasilien stammte, kennengelernt. Und es mit einer eigenen Praxis versucht. Aber die Klinik sei doch ihre eigentliche Leidenschaft. Nach Brasilien wolle sie nicht mehr zurück, sagte sie einmal sehr bestimmt. Das Elend dort halte sie nicht mehr aus. Aber dort habe sie gelernt, dass hier, in Deutschland, auf recht hohem Niveau gejammert werde.

Ihre Eltern seien inzwischen auch wieder hier, nach der Pensionierung des Vaters.

Ihre Frage, ob sie ihn auf Persönliches ansprechen dürfe, hat er natürlich bejaht. Schon aus Höflichkeit. Und etwas dezenter Berechnung: Schlag keinen Wunsch aus, den eine an dich heranträgt, die für dein Wohlergehen sorgt. Das klingt sehr strategisch. Aber auch im Alltag einer Klinik muss ein Mensch sehen, wo er bleibt.

Natürlich, Frau de Oliveira.

Und Sie glauben?

Diese Art von Einstieg in ein Gespräch ist Haufe, immer noch, ein Graus. Das Reizwort ›glauben‹ (für ihn ist es ein Reizwort) tut so, als gäbe es eine Gattung Mensch mit erkennbaren religiösen Eigenschaften. Die berechenbar sind. Er wird von vornherein auf bestimmte Denkweisen und Antworten festgelegt. So fühlt es sich für ihn jedenfalls an. Dann ist Haufe nicht frei, ohne Geländer zu denken und eben zu glauben. Dann kommt er als Person mit seiner recht verzwickten Lebens- und Glaubensgeschichte nicht vor. Wer so eine Feststellung macht, meint zu wissen, was er von Haufe erwarten darf. Und hat schon gehört, was er sagen wird. Bevor er es gesagt hat.

Ich glaube schon.

Die Stationsärztin bemerkte den Doppelsinn sofort. Lächelte.

Sie glauben, dass Sie glauben?

Ja. Verzeihen Sie, ich lass mich da nicht gerne festlegen. Was mich als Theologen, als Glaubenden ausmacht, das ist eine sehr dynamische Angelegenheit. Um nicht zu sagen: chaotische Angelegenheit. Das sah vor ein paar Wochen noch anders aus, als es das heute tut.

Das kann ich mir vorstellen.

Wirklich? Glauben Sie denn auch?

Nein – und darum spreche ich Sie an. Es kommt selten vor, dass wir hier solche Fachleute haben wie Sie. Die mitten im Leben stehen. Wie es so schön heißt. Die gerade etwas erleiden. Eine Krise durchmachen. Und die das bestimmt auch auf ihren Glauben hin bedenken.

Oje, Frau de Oliveira. Ehrlich gesagt: Ich bedenke wenig.

So? Ich dachte, weil Sie Theologe sind, gehöre das zu Ihrem Geschäft. Wäre das ein Teil Ihrer Existenz.

Was genau meinen Sie? Dass ich sozusagen allzeit bereit zur theologischen Rechenschaft sein müsste?

So ähnlich vielleicht. Ich muss mir ja auch immer im Klaren sein, was ich zu tun habe. Ich muss Entscheidungen treffen, Verantwortung übernehmen und kann's mir nicht aussuchen, was gerade ansteht. Wer gerade meine Hilfe braucht. Ist das bei Ihnen nicht auch so?

Im Dienst vielleicht schon. Aber – ich bin jetzt nicht im Dienst. Jetzt lieg ich hier. Als Patient. Müde. Etwas ratlos. Und vor allem damit beschäftigt, dem Gift zuzuschauen. Wie's durch den Port in mein Herz fließt und den Krebszellen andeutet, dass sie sich langsam verabschieden könnten.

Werden sie auch, da bin ich sicher.

Aha? Woher nehmen Sie diese Sicherheit? Sie haben doch bestimmt schon einiges gesehen, das eher entmutigen könnte.

Ja, natürlich. Aber bei Ihnen wird das anders sein. Erstens wissen wir genau, was wir tun müssen. Und zweitens wollen Sie leben. Und das hilft über vieles hinweg.

Hm.

Aber da wollte ich Sie noch etwas fragen. Wenn Sie noch Geduld haben.

Gern, bitte.

Also: Sie glauben schon, dass Sie glauben. Wissen Sie, ich selbst würde mich eher eine Atheistin nennen. Ich bin Wissenschaftlerin. Gott spielt in meinem Alltag keine Rolle. Hat einfach keine Bedeutung für unsere tägliche Arbeit.

Aber gibt's nicht den einen oder die andere unter den Ärzten und Pflegenden, die die Kraft zu dem, was Sie tun, haben, weil Gott für sie eine Rolle spielt? Könnte ich mir vorstellen.

Kann schon sein, wir reden hier nicht viel darüber. Ist auch kaum Zeit dazu.

Und jetzt nehmen Sie sich die Zeit, um mit mir darüber zu reden?

Ja, ich bin neugierig. Wissen Sie, auch wenn ich mit Gott nichts anfangen kann, diese Idee vom Glauben ist mir ein bisschen vertraut.

Nachdem sie ihn nochmals gefragte hatte, ob er noch Geduld habe, erzählte ihm Sophia, dass sie in ihrer Jugend etwas durch Brasilien gereist sei. Im Süden, in der Nähe von Santa Cruz, war sie auf eine Gruppe Deutscher getroffen, deren Vorfahren Mitte des 19. Jahrhunderts aus wirtschaftlichen und religiösen Gründen nach Brasilien ausgewandert waren. Die Emigranten waren aus dem damaligen Großherzogtum Baden gekommen. Viele hatten ursprünglich Alemannisch gesprochen. Wie sie waren ihre Nachkommen fromme Leute. Die ihr deutsches Brauchtum – oder was sie dafür hielten – pflegten. Deutsche Lieder sangen. Eine deutschsprachige Zeitung und Groschenromane lasen. Sophia fand das einigermaßen befremdlich. Als sie einmal einen der Alten fragte, warum sie hier, in ihrem Land, Brasilien, als Deutsche lebten, etwas isoliert, immer ein wenig schräg angesehen von den anderen Brasilianern, antwortete der, fast entrüstet und auf Alemannisch: *Was frogsch no lang? S'isch ä so, da Herrgott hat's ä so gwollt.* Dann gab er einen Überblick über die deutsch-brasilianische Siedlungsgeschichte. Das hieß vor allem: über die Not der Überfahrt. Die Mühen der Anfänge. Die Tropenkrankheiten. Und die unzähligen Herausforderungen. Der alte Mann lebte wohl sehr in der Vergangenheit. Einer verklärten. Denn immer war es Gottes Wille oder Gottes Fügung, die den Siedlern den Ort bestimmten. Und durch die Notzeiten führten.

Doch dieser Satz, diese Frage hatte sie beeindruckt: *Was frogsch no lang?* Die Deutsch-Brasilianer waren sehr gläubig, meinte Sophia. Kann ja sein, dass ihnen das geholfen hat. Aber ist das denn so, dass der Glaube alle Fragen überflüssig macht? Oder gar verbietet? Der Alte damals schien ihr kein unglücklicher Mann gewesen zu sein. Er wirkte standfest. Mit sich und der Welt im Reinen. Müssen, um das zu erreichen, die Fragen schweigen? Braucht es so etwas wie Ergebenheit?

Haufe fühlte sich ein wenig überfordert. Wie sollte er darauf antworten? Sie merkte das wohl.

O, Herr Haufe, jetzt hab ich Sie zu sehr angestrengt! Tut mir leid.

Nein, ist schon gut, ich bin noch ganz da. Was Sie da ansprechen, ist halt riesengroß. Und ich bin gerade mittendrin. Weil ich mich selber fragen muss, was das alles soll. Was ich hier lernen soll. Worauf das hinausläuft. Und Wille und Fügung sind Begriffe, in denen ich noch nie wirklich gedacht habe.

Ach, ich wollte Sie damit gar nicht belasten.

Nein, nein, tun Sie nicht. Ich weich dem gar nicht aus. Ich war nur jetzt gerade nicht darauf vorbereitet. Und ich bin mir noch lange nicht sicher, was meine Krankheit aus meinem Glauben machen wird.

Die Stationsärztin schwieg. Nicht aus Verlegenheit. Aus Rücksicht. Vermutlich hätte sie ihm gleich gesagt, dass sie ihr Gespräch ja ein andermal fortsetzen könnten. Er kam ihr zuvor. Weil ihm plötzlich etwas durch den Kopf schoss.

Einen kleinen Moment. Mir fällt gerade etwas ein.

Er richtete sich auf. Ziemlich mühsam. Beugte sich über den Nachttisch. Der recht wild gefüllt war mit Zetteln. Büchern. Globuli gegen Übelkeit, die seine Frau mitgebracht hatte. Ein paar Kartengrüßen von Freunden. Ein, zwei Teelöffeln. Die sind im Krankhaus ein kostbares Gut. Sonst gibt es keine Chance, den vom Mittagessen übrig gebliebenen Joghurt am Nachmittag noch zu essen. Oder Zucker in den schwer genießbaren Hagebuttentee zu rühren. Nach etwas Kramen fand Haufe, was er suchte. Sein rot eingebundenes Notizbuch. Das er auch vor der Krebserkrankung immer schon mit sich geführt hat. Und noch mit sich führt. Wenn es voll ist, kommt ein neues her. Da hinein schreibt er Gedanken. Ideen. Kleine, eigene Gedichte. Die sehr fragwürdig sind. Und sehr oft Gedichte von Autorinnen und Autoren, die er mag oder zufällig entdeckt hat. Wenn er einen Aphorismus hört oder einen gelungenen Satz in seiner Lektüre entdeckt, kommt der ins Notizbuch. Sein ganz privates Poesiealbum. Darin las er auch damals immer wieder.

Bevor ihm seine Diagnose gestellt wurde, hatte er gerade bei Johann Peter Hebel herumgestöbert. In einer recht alten Werkausgabe. Einige wenige Geschichten aus dem *Schatzkästlein* waren ihm vertraut. Aus der Schulzeit. Er hatte ihn etwas besser kennenlernen wollen. Zwei Gedichte waren ihm besonders aufgefallen. Landeten in seinem Poesiealbum. Seiner ganz persönlichen Blütenlese. Eines davon war ihm jetzt in den Sinn gekommen, als Sophia von ihrer alemannischen Begegnung in Brasilien erzählt hatte: »Der Wegweiser«.

Hier, Frau de Oliveira. Ich les Ihnen mal kurz etwas vor. Musste gerade an ein kleines Gedicht von Johann Peter Hebel denken. Kennen Sie den?

Na, was heißt kennen? Den Namen hab ich schonmal gehört. Und ich weiß, dass er auf Alemannisch gedichtet hat.

Genau. Mir ist gerade ein alemannisches Gedicht, ein ganz berühmtes von ihm, durch den Kopf gegangen. Wenn Sie wollen und noch Zeit haben, les ich es Ihnen vor!

Aber gerne – mir liest sonst nie einer etwas vor. Geschweige denn Gedichte.

Auch der Bettnachbar spitzte die Ohren. Damals war es wahrscheinlich Patrick. Aber er weiß es nicht mehr genau. Wie gesagt: sein Gedächtnis! Er erklärte noch, dass sie bitte mit Nachsicht zuhören wolle. Weil er kein Alemanne sei. Und sich den Tonfall nur während acht Jahren Dienst im Markgräflerland etwas angeeignet habe. Aber stümperhaft. Sie überhörte das. Wartete, dass er anfinge:

Das Gedicht heißt: »Der Wegweiser«. Und geht so:

Der Wegweiser
Guter Rat zum Abschied

Weisch, wo der Weg zuem Mehlfaß isch,
zum volle Faß? Im Morgerot
mit Pflueg und Charst dur's Weizefeld,
bis Stern und Stern am Himmel stoht.

...

Wo isch der Weg zu Fried und Ehr,
der Weg zum guten Alter echt?
Grad fürsi goht's in Mäßigkeit
mit stillem Sinn in Pflicht und Recht.

Und wenn de amme Chrützweg stohsch,
und nümme weisch, wo's ane goht,
halt still, und frog di Gwisse z'erst,
's cha Dütsch, gottlob, und folg sim Rot.

Wo mag der Weg zum Chilchhof si?
Was frogsch no lang? Gang, wo de witt!
Zum stille Grab im chüele Grund
führt jede Weg, und 's fehlt si nit.

Doch wandle du in Gottisfurcht!
I rot der, was i rote cha.
Sel Plätzli het e gheimi Tür,
und 's sin no Sachen ehne dra.

Haufe las das ganze Gedicht, zwölf Strophen. Und trug es ziemlich abgehackt vor. Stockend. Die Betonungen wollten nicht gelingen. Er hatte sie im Kopf. Aber nicht auf der Zunge. Das war sehr mühsam. Und sicher nicht sonderlich erbaulich anzuhören. Doch Sophia war offenbar fasziniert.

Jetzt kommt's mir gerade vor, als hörte ich den alten, frommen Mann in Brasilien. Unglaublich. Das haben Sie echt schön gelesen.

O nee, das hab ich schon besser gekonnt.

Was frogsch no lang? Meinen Sie, der alte Alemanne hatte diesen Satz von Hebel?

Nein. Muss nicht sein. Obwohl der Herr Hebel für viele Alemanninnen und Alemannen immer noch Gemeingut ist. Mit Recht! Welcher Landstrich hat schon einen Mundartdichter auf poetischem Weltniveau? Mir ist das Gedicht in den Sinn gekommen, weil ich mir vorstellen kann, dass ihr freundlich ergrauter Deutschbrasilianer etwas von Hebels Gottvertrauen gelebt hat. *Was frogsch no lang? Gang, wo de*

127

witt! könnte ja die Aufforderung sein, mit dem Fragen und Grübeln aufzuhören und das Leben einfach zu versuchen. Nach eigenen Möglichkeiten und Grenzen. Schauen, was kommt. Annehmen, was sich bietet. Angehen, was zu lernen ist. Und vermuten, dass nichts ohne Sinn ist. Dass hinter allem eine Bedeutung steckt. Für Hebel und für Ihren brasilianischen Alemannen sind der Sinn und die Bedeutung auch gewollt. Da steckt nicht irgendeine diffuse Macht dahinter. Sondern Gott. Darum: *Doch wandle du in Gottisfurcht!*

Ein Satz, den ich nicht teilen würde. Auch wenn mir, was Sie zuvor gesagt haben, einleuchtet.

Ja, ich spreche ihn auch nicht gerade mühelos nach. Da bin ich eher auf der Suche. Ich weiß nicht, was Gott mit meiner Krankheit zu tun hat.

Dann sind sie nicht sehr überzeugt von ihrem Gott.

Nein. Enttäuscht sie das? Haben Sie etwas anderes erwartet oder erhofft?

Ich bin eher überrascht. Da hab ich einen Geistlichen vor mir und stelle mir vor: Der steckt das mit seinem Gottvertrauen alles weg. Und dann sind Sie eher zögerlich.

Nur ehrlich. Würde ich sagen. Es stimmt eigentlich nicht, dass ich von Gott nicht überzeugt wäre. Ich finde nur, er könnte mich mal von sich überzeugen.

Und darauf warten Sie?

Ob genau darauf? Weiß ich nicht. Ich warte einfach ab. Mit meiner Krankheit gibt mir mein Leben eine Lernaufgabe. Ich bin gespannt, was es zu lernen gibt. An mir ist es, aufmerksam zu sein.

Sophia wollte noch etwas dazu sagen. Aber die Zeit war sehr fortgeschritten. Und da sie noch irgendwelche Dokumentationspflichten zu erledigen hatte, verabschiedete sie sich.

Ich denke darüber nach. Danke, dass Sie mir Zeit gewidmet haben.

Ach ja. Davon habe ich gerade mehr als genug.

Wenige Tage darauf bat sie ihn, einmal einen längeren Blick in sein Poesiealbum werfen zu dürfen. Natürlich hat er es ihr gerne gegeben. Es tat auch ihm gut, einen Menschen hier im Haus zu haben, mit dem er etwas reden konnte. Über die täglichen Fragen nach Blutdruck, Stuhlgang und Schmerzlevel hinaus. Übrigens gab es hier auch einen Krankenhausseelsorger. Aber den mochte Haufe nicht treffen. Keinen Kollegen. An dem Abend, an dem sie nach seinem Notizbuch fragte, beschlossen sie, einander zu duzen. Es gab, jenseits der unterschiedlichen Weltsichten der Wissenschaftlerin und des Theologen, doch gemeinsame Fragen. Die sie verbanden. Und auf die sie keine Antworten hatten. Und haben. Kann er von sich sagen. Von ihr weiß er es nicht. Sie hatten seit den Ereignissen um Feliz keinen Kontakt mehr. Manchmal gehen Menschen nur ein paar Schritte miteinander. Haben sich auf dem Weg etwas zu sagen. Und verlieren sich dann wieder aus den Augen. Aber es ist gut so. Vielleicht war alles gesagt.

Sein Büchlein bekam er eine ganze Weile nicht zurück.

Ein paar Spinat-, Rahmsaucen- und Erdbeerjoghurtflecken später begegnete ihm Feliz. Das heißt von einer Begegnung kann eigentlich nicht die Rede sein. Feliz wird ihn kaum wahrgenommen haben. Seinen Nachnamen kennt Haufe nicht. Sophia hat sie einander nicht vorgestellt. Als Feliz einmal tief schlief, trat sie kurz an Haufes Bett. Wie es schien, suchte sie Hilfe. Oder so etwas wie mentale Unterstützung.

Wenn du magst und deinem Gott inzwischen mehr zutraust, dann kannst du für den jungen Mann beten.

Bis heute ist ihm das Beten fremd geblieben. So vertraut es früher war. Aber mit dem Gedanken, dass es ihr irgendwie helfen könnte, wenn er zusagte, meinte er:

Ja, mach ich. Aber wofür?

Feliz, erfuhr er, war wohl vor einigen Wochen nach Deutschland gekommen. Um das Land etwas zu erkunden. Er musste um die siebzehn oder achtzehn Jahre als sein. In Brasilien, in Rio de Janeiro, in einer Ausbildung. Zum Tänzer. Ob er hier in Deutschland hatte Kontakte aufnehmen oder vor dem Start ins Berufsleben in einem völlig fremden Land noch etwas erleben wollen, hat niemand erfahren. Er hatte sich mit seiner Gitarre durch einige Fußgängerzonen gesungen und dabei genug Geld für seine Touren hierhin und dorthin gesammelt. Eigentlich musste er schon Schmerzen gehabt haben. In der Brust und im Nacken oder unter den Armen. Aber das hatte er wohl nicht beachten wollen. Jedenfalls war er drei Tage zuvor in der Hauptstraße, wo er vor einer Kirche gesungen hatte, zusammengebrochen. Passanten halfen gleich. Holten Polizei und Krankenwagen. Die Klinik, in die er eingeliefert wurde, liegt nur ein paar Straßenzüge weiter. So kam's, dass er im tags zuvor leer gewordenen Nachbarbett landete. Zuerst nicht zu Haufes Freude. Er hatte schon gehofft, er könnte ein paar Tage allein sein.

Feliz war ganz und gar allein. Die Mitarbeiterin des Sozialdienstes der Klinik versuchte in den kommenden Tagen, Eltern, Geschwister, irgendwen in Brasilien aufzuspüren. Der benachrichtigt werden müsste. Eine Mutter gab es wohl. Aber die konnte nicht einfach mal rasch nach Deutschland kommen.

Das alles hätte Sophia Haufe vermutlich nicht erzählen dürfen. Aber inzwischen glaubte sie, dass solche Informationen bei ihm gut aufgehoben seien. Es ging auch nur darum, ihm kurz zu verstehen zu geben, warum auf einmal so ein Trubel entstand. Für wenige Tage spielte seine Situation keine Rolle mehr. Der junge Mann war todkrank. Ohne Rettung. Zufällig, bei einer der Visiten, erfuhr er, dass sein Bettnachbar Feliz hieß. Sophia sprach das sehr schön aus. Melodisch. Seinen Nachnamen hat er nicht verstanden.

Auch gesehen hat er Feliz tatsächlich nur ganz kurz. Als sein Bett in das Krankenzimmer geschoben wurde. Von zwei Schwestern. Die sehr alarmiert ausschauten. Sie hatten keinen Blick für Haufe. Nun ging es nur um den Neuzugang. Den jungen Mann. Sophia lief den beiden und dem Bett hinterher. Sichtlich aufgewühlt. So hatte Haufe sie bisher nicht kennengelernt. Ihre Ruhe, ihre Abgeklärtheit waren sonst bewundernswert. Sie sprach sehr sachlich mit ihm über seine Erkrankung. Dabei doch zugewandt. Einfühlsam. Jetzt war sie aufgeregt. Hatte einen roten Kopf. Atmete schwer. Feliz war, dachte Haufe, noch nicht einmal volljährig. Er hatte eine dunkle Hautfarbe, sehr kurze schwarze Haare. Er wirkte, so weit er das über das Fußende seines Bettes hinweg sehen konnte, eingefallen. Haufe hörte kein Wort, keinen Ton von ihm, als er an die diversen Geräte angeschlossen wurde. Nur ein kurzes, leises Stöhnen. Vielleicht merkte Feliz schon gar nicht mehr, wo er war. Eine Schürfwunde am linken Ellbogen wurde versorgt. Die war aber nicht weiter beachtlich. Nach kurzen Minuten kam Emir ins Krankenzimmer. Das war der Spitzname für einen Pfleger, der gerne Verantwortung übernahm. Aber auch deutlich zeigte, wie wichtig er sich fühlte. Dabei leistet Haufe, indem er darüber nachdenkt und sich erinnert, jetzt ein wenig Abbitte. Als er einen Infekt bekam, hat Emir ihm wohl das Leben gerettet, indem er ihn mitten in der Nacht auf die hausinterne Intensivstation verlegte. Jetzt brachte er nur einen Paravent herein. Eine unschöne, grüne Trennwand auf Rädern. Die er zwischen sein eigenes und Feliz' Bett stellte. Das war richtig. So gehört sich das. Was im Nebenbett geschieht, geht Haufe nur etwas an, wenn der Kollege dort ihn einbezieht. Kontakt aufnimmt. Sich vorstellt. Etwas fragt. Das konnte Feliz nicht.

Haufe sah ihn also nicht mehr. Aber er bekam mit, was gesprochen wurde. Feliz litt unter demselben Lymphom wie er. Hörte Haufe heraus. Was ihm einen Schrecken bereitete. Und eine Gänsehaut. Er könnte auch so enden. Wie Feliz. Stumm. Nicht ansprechbar. Nur noch leise seufzend. Nachdem die Schwestern und Emir ihre Arbeiten verrichtet hatten, verließen sie das Zimmer. Aysche schaute noch einmal im Vorübergehen nach ihm. Lächelte. Als wollte sie sagen, dass alles gut sei. Dass er zwar im Moment nicht im Mittelpunkt ihrer Aufmerksamkeit stehe, aber natürlich hätten sie ihn nicht vergessen. Da hatte Haufe freilich auch keine Sorge.

Sophia war noch geblieben. Sie sprach mit Feliz. Obwohl der sie wohl gar nicht wahrnehmen konnte. Jedenfalls war er nicht fähig, zu antworten. Haufe hörte auf ihre Stimme. Und merkte, dass sie nicht Deutsch sprach. Das musste Brasilianisch sein. Sie sprach mit einer tiefen Altstimme. Wieder mit einer sanften Melodie. Zärtlich, kam Haufe in den Sinn. Eine Sprache, die streicheln kann. Rund und voll waren die Reibelaute. Die Zischlaute. Aber das sind ungenügende Bezeichnungen für die Fülle und Kraft des brasilianischen *Sch*. Vor vielen Jahren war er eine Weile von der Fado-Musik Lissabons fasziniert gewesen. Daran wurde er jetzt erinnert.

Etwa zehn Minuten sprach Sophia noch mit Feliz. Es klang beruhigend. Haufe wurde selbst ruhiger. Auch wenn er kein Wort verstand. Ob es Feliz half? Konnte er nicht einschätzen. Er jedenfalls war dankbar. Für ihre Stimme. Den brasilianischen Sprechgesang.

Nach diesem Abend war Sophia jeden Tag an Feliz' Bett. Oft. Über den Tag verteilt mehrere Male. Dabei schaute sie auch bei Haufe vorbei. Ab und zu wechselten sie ein Wort miteinander. Freundlich. Doch war er nun gerade der problemlose Patient in Zimmer zwölf. Darum fand er nicht viel Beachtung. Was ihm nicht unrecht war.

Feliz beschäftigte ihn natürlich. Haufe bedauerte sein schweres Schicksal. Krank zu liegen. Schwerkrank. In einem völlig fremden Land. Mit niemandem an der Seite. Keine Freunde. Keine Familie. Welch ein Glück, dass Sophia da war. Welch ein Zufall wohl auch. Dass sie gerade hier, in dieser Klinik und zu dieser Zeit, arbeitete.

Sophia hatte immer noch Haufes Notizbuch. Weil ihm wieder das eine oder andere Gedicht eingefallen war und er im Internet dieses und jenes gefunden hatte, das er sich aufschreiben wollte, bat er sie eines Abends darum, es ihm zurückzugeben. Er hatte ein Tablet dabei. Aber er schreibt Lyrisches, das für ihn eine besondere Bedeutung gewinnt, lieber von eigener Hand. Das macht er immer noch so.

Darf ich das Buch noch ein oder zwei Tage behalten? Ich gebe es dir dann gleich zurück. Will aber vielleicht noch ein Gedicht herausschreiben. Und es womöglich übersetzen. Damit ich es deinem Nachbarn vorlesen kann. Ich bin nicht sicher, was er noch hört. Aber ich glaube, das könnte ihm helfen. Mir jedenfalls ist es eine Hilfe.

Aha? Welches Gedicht denn? Und klar, wenn du es so gut gebrauchen kannst, behalt es gerne noch.

Vielen Dank! Ist es in Ordnung, wenn ich es dir sage, nachdem ich es übersetzt habe? Ich habe das Gefühl, es sollte noch ein Geheimnis bleiben. Etwas zwischen Feliz und mir. Er würde nicht merken, dass ich es dir verraten habe. Aber so fühlt es sich stimmiger an. Geht das?

Auch dazu hat Haufe natürlich Ja gesagt. Es kam ihm etwas zu geheimniskrämerisch vor. Aber da er Sophias Sensibilität nun kannte, wollte er ihr nicht widersprechen.

Am nächsten Tag ging es seinem Bettnachbarn sehr viel schlechter. Feliz atmete immer schwerer. Die Schmerzmittel halfen ihm nicht mehr so gut. Er stöhnte. Kaum hörbar. Aber häufig. Um sein Bett war ein ständiges, manchmal sehr hektisches Treiben. Bei der Visite sahen sich die Ärztinnen und Ärzte ratlos an. Haufe vermutete, sie waren mit ihren Möglichkeiten, ihm zu helfen, am Ende. Sophia war schweigsam. Kaum, dass sie die kurzen Fragen der Ärztinnen oder Pfleger beantwortete. Gegen Mittag sprach Emir Haufe wie nebenbei an, ob er in ein anderes Zimmer gebracht werden wolle. Er sagte nicht, warum. Aber es war klar. Mit Feliz würde es jetzt zu Ende gehen. Und da müsste er, mit derselben Krankheit geschlagen, nicht unbedingt Zeuge sein. Er stimmte zu. Weil er dachte, es sei angemessen. Obwohl ihm schon wegen seines Berufs das Sterben und der Tod nicht fremd sind. Er hatte oft an den Betten Sterbender gesessen. Zum Umzug kam es aber nicht. Sie haben ihn in der Aufregung um Feliz wohl schlicht vergessen. Oder doch keine Zeit gefunden, Bett und Nachttisch und seine Siebensachen in ein anderes Zimmer zu verlegen.

Am späten Nachmittag öffnete Sophia die Türe, aber ging nicht sofort zu Feliz, wie in den vergangenen Tagen. Zuerst kam sie an Haufes Bett. In der Hand trug sie sein rotes Büchlein. Und ein Blatt Papier. Wie manchmal nahm sie auch jetzt einen schon etwas betagten, gelbfleckigen Stuhl von der Wand. Setzte sich zu ihm. Er muss überrascht gewirkt haben.

Ich will mich nur kurz bedanken.

Bedanken? Wofür?

Dass du mir dein Notizbuch noch zwei Tage geborgt hast. Die Gedichte, die du dir aufgeschrieben hast, haben mir auch gutgetan. Und ein ganz besonderes hab ich gefunden. Hatte ich dir vorgestern gesagt.

O, da bin ich gespannt.

Erinnerst du dich, als ich dir von meiner Begegnung in Brasilien erzählt habe, mit dem älteren Herrn, der mir auf Alemannisch geantwortet hat?

Ja, klar! *Was frogsch no lang?*

Genau! Von dir weiß ich, dass das auch ein Zitat gewesen sein könnte. Aus dem alemannischen Gedicht von Johann Peter Hebel.

Naja, so ganz nah liegt die Vermutung nicht. Aber passen würd's schon.

Wie auch immer. Ich hab in deinem Buch ein anderes Gedicht von Hebel gefunden. Das mich sehr beeindruckt.

Schön!

Mehr als schön. Treffend. Sehr bewegend. Ich möchte es Feliz mit auf den Weg geben. Darum hab ich es vergangene Nacht übersetzt. Ich weiß ja gar nicht, ob er davon noch irgendetwas hören wird. Ob es ihm irgendetwas hilft. Aber ich will glauben, dass es ihm hilft.

Also: glauben?

Ja, ich weiß, das klingt lächerlich. Oder pathetisch.

Nein, entschuldige, überhaupt nicht. Für Glauben bin ich eh kein Fachmann mehr. Was dir jetzt, da Feliz wohl stirbt, Halt gibt, ist allemal gut. Und weil du ein besonderes Verhältnis zu ihm hast, weil du gerade für ihn da bist, wird es auch gut für ihn sein.

So ähnlich hab ich mir das gedacht.

Aber sag, welches Gedicht ist es denn?

Aber das weißt du. Du hast nur ein weiteres vom Herrn

Hebel in dein rotes Buch geschrieben. *Den Wegweiser* hast du mir vorgelesen. Also ist es ...

Zum neuen Jahre.

Eben das.

Jetzt bin ich ein wenig überrascht, Sophia, ein Neujahrsgedicht. Heute und hier?

Natürlich, das passt doch. Feliz macht sich auf den Weg. Wenn danach noch was kommt ... Ich bin da im Zweifel, das weißt du, aber ..., wenn danach noch etwas kommt, wird es etwas Neues sein. Ich will ihm ein bisschen Hoffnung mitgeben. Für mich eine ganz vage Hoffnung. Das Gedicht les ich ihm sozusagen wider besseres Wissen vor. Aber mich hat sehr, sehr bewegt, dass es so deutlich vom Schmerz spricht. Von Stürmen. Von Gräbern. Und das nicht einfach wegdrängt. Es ist doch alles so vermischt. Und nebeneinander: Glück, Leid, Trennung, Freundschaft, Liebe. Das macht unser Leben aus. Verwirrend ist es. Und beglückend.

Ja, darum habe ich mir das Gedicht auch aufgeschrieben. Hebel war nie ein durch und durch Überzeugter. Für den das Leben einfach geordnet und verständlich war. Für ihn blieb vieles offen. Aber er hatte Lust, das Leben zu wagen. Und er hat sicher nie geglaubt, dass nach dem Wagnis alles zu Ende sei.

Du, das weiß ich nicht. Aber sein Neujahrswunsch strahlt eine Gelassenheit aus, die ich Feliz und mir jetzt wünsche. Egal, woher sie kommt. Hilfst du mir ein bisschen?

Aber ... wie kann ich dir jetzt helfen?

Bitte lies mir das Gedicht vor, bevor ich zu Feliz gehe und es ihm auf Brasilianisch vorlese. Wenn ich es vorher noch einmal höre, hab ich den Mut, es Feliz mitzugeben.

Obwohl er etwas verwundert war, tat er Sophia den Gefallen. Es war ihr wichtig. Haufe richtete sich im Bett etwas auf. Stopfte sich das störrische Kissen hinter dem Rücken zurecht. Dann fischte er nach dem Notizbuch, das Sophia auf dem Nachttisch abgelegt hatte. Als er es nicht gleich zu fassen bekam, reichte sie es ihm. Er blätterte ein wenig, um die richtige Seite zu finden. Dann hatte er das Gedicht vor sich. In seiner damals unruhigen, schrägen Schrift. Ihn wunderte fast ein wenig, dass Sophia sie hatte entziffern können. Haufe las:

Zum neuen Jahre.

Mit der Freude zieht der Schmerz
Traulich durch die Zeiten.
Schwere Stürme, milde Weste,
Gelbe Fieber, Krönungsfeste
Wandeln sich zur Seiten.

Über off'ne Gräber schallt
Dumpfes Sterbgeläute,
Und vorüber ziehn zum Tanze,
Flatternd in dem Hochzeitkranze,
Bräutigam und Bräute.

Und wo eine Thräne fällt,
Blüht auch eine Rose.
Schon gemischt, noch eh' wir bitten,
Sind für Throne und für Hütten
Schmerz und Lust im Loose.

Wars nicht so im alten Jahr?
Wird's im neuen enden?
Sonnen wallen auf und nieder;
Wolken gehn, und kommen wieder,
Und kein Wunsch wird's wenden.

Gebe denn, der über uns
Wägt mit weiser Wage,
Jedem Sinn für seine Freuden,
Jedem Muth für seine Leiden
In die neuen Tage!

Jedem auf des Lebens Pfad
Einen Freund zur Seite;
Ein zufriedenes Gemüthe
Und zur weisen Herzensgüte
Hoffnung ins Geleite.

Die letzten beiden Strophen las Haufe unter Tränen. Zu nah kamen die Zeilen ihm selbst. Sophia achtete nicht darauf. Sie wollte augenscheinlich die Fassung nicht verlieren. Kaum war er zu Ende, erhob sie sich ohne ein weiteres Wort. Rückte den Stuhl wieder an die Wand. Und ging zum Nachbarbett. Zu Feliz.

Aber sie sprach nicht. Sie sang!

Haufe war völlig überrascht. Sophia musste in der Nacht nicht nur eine passende brasilianische Übersetzung gefunden haben für Hebels doch etwas altertümliche Sprache. Er konnte und kann nicht beurteilen, wie nah an Hebels Zeilen sie war. Aber er hörte Worte wie *dor, lágrima, rosa, esperança*. Die ihm bekannt vorkamen. Etwas von der Stimmung Hebels, von seinem Mut, musste sie aufgegriffen haben. Um daraus Gesang zu machen. Mehr noch: ein Lied. Und einen Tanz.

Tatsächlich, Sophia tanzte. Er konnte es sehen. Weil sie den ganzen Raum vor Feliz' Bett nutzte. Um zu singen. Und sich zur Melodie zu bewegen. Langsam. Mit Bedacht. Als achte sie auf jeden Schritt. Waren das Samba-Schritte? Gehörte das leichte Wiegen in der Hüfte dazu? Haufe hatte davon gar keine Ahnung, da er selbst kein Tänzer ist. Aber sie hatte es einem Tänzer geschenkt. Der in seiner Jugend schon so viel gelernt haben mochte. Dem zuzuschauen ein Genuss, eine Augenweide gewesen sein mochte. Sophie wollte bei ihren Schritten und Schwüngen gewiss nicht beobachtet werden. Darum wandte er sich nach ein paar Sekunden ab. Tief erschüttert.

Wie nah ein Mensch einem Menschen kommen konnte. Sophia kannte Feliz seit vielleicht zehn Tagen. Das Zeitgefühl war Haufe etwas abhandengekommen. Weil sie die Einzige war, die Feliz hätte verstehen können, wenn er wieder ganz wach geworden wäre, hatte sie sich seiner angenommen. Hatte sie ihn in den wenigen Tagen, die er noch lebte, begleitet. Redete sie zu ihm in seiner Sprache.

Ob der junge Mann eine Reaktion zeigte, hat sie Haufe nicht erzählt. Aber Sophia war das offenbar gleichgültig. Sie war dem sterbenden Tänzer zugewandt. Ohne auf Antwort zu warten. Ihm verbunden. Als wäre er ihr Sohn. Ihr jüngerer Geliebter. Dem sie von sich selbst etwas gab. Ohne auf eine Gegenleistung zu hoffen. Und nun hatte sie für ihn gesungen. Und getanzt. Vor ihm. Um ihm Geleit zu geben. Um die Freundin an seiner Seite zu sein. Weil es für ihn ans Sterben ging. Haufe schien, als sei das Atmen von drüben, hinter dem Paravent, flacher und ruhiger geworden. Aber das bildete er sich vielleicht auch nur ein. In Wahrheit konnte er Feliz nicht hören. Sophias Stimme füllte das Krankenzimmer aus. Sie wiederholte das Lied. Er glaubte, vier oder gar fünf Mal. Sie wurde, oder besser: sie wurden nicht gestört. Niemand betrat das Zimmer. Von draußen drang kein Lärm herein. Ihr Telefon läutete nicht. Ein Zauber war im Raum. Der sich breit macht, wenn ein Mensch seine letzten Schritte tut. Ihr Singen und Tanzen bezog Haufe ein wenig und etwas verstohlen auch auf sich selbst. Sie wird nicht daran gedacht haben, ihn in ihr Lied und ihre Schritte einzuschließen. Aber da er nun einmal dabei war, ließ er es auch für sich gelten. *Hoffnung ins Geleite.*

Kaum zehn, höchstens fünfzehn Minuten dürften über Gesang und Tanz vergangen sein. Für Haufes Gefühl dehnte sich die Zeit auf eine Stunde. Oder zwei. Er war beeindruckt. Gefesselt. Als Sophia endete, verließ sie sofort das Zimmer. Ob sie Feliz noch angesehen hat, weiß er nicht. Sie ging an Haufe vorüber. Ohne Gruß. Vielleicht hatte sie dazu gar keine Kraft mehr. Oder sie wollte bei sich selbst sein. So wie sie es tanzend und singend eben gewesen war. Bei sich. Bei ihrem Bruder. Freund. Geliebten.

Nachdem Sophia das Zimmer verlassen hatte, blieb Stille zurück. Haufe schlief bald ein. Als er drei, vier Stunden später wieder erwachte, weil Aysche ihm den Blutdruck messen wollte, stand neben ihm kein Bett mehr. Auch die Trennwand war fortgeschoben. Die Geräte waren ausgeschaltet. Das gewohnte Piepsen und Blinken fehlte. Er sah nur noch einen Stuhl. Darauf ein Kopfkissen. Mit einem nicht allzu großen, hellroten Fleck.

Sophia ließ sich ein paar Tage lang nicht sehen. Vielleicht hatte sie frei. Als sie wieder am Bett erschien, wirkte sie erholt. Sie bedankte sich noch einmal für das Gedicht. Aber machte in den nächsten Wochen keine Anstalten, mit ihm wieder ins Gespräch zu kommen. Haufe hätte gerne nachgefragt, wie das Lied entstanden war. Wie es ihr ergangen war. Als sie gesungen und getanzt hatte. Und wann genau Feliz gestorben war. Für sie war offensichtlich alles gesagt. *Was frogsch no lang?*

In den folgenden Therapiewochen hat Haufe sie nicht mehr getroffen. Er wusste nicht, ob sie überhaupt auf Station war. Ein Brief, den er an die Krankenhausadresse schrieb, um anzuknüpfen, erreichte sie wohl nicht. Oder sie mochte nicht antworten. Vielleicht waren ihr ein paar Schritte auf einem nicht sehr langen gemeinsamen Weg genug. Schritte, die kein gemeinsames Ziel, keinen Glauben gebraucht hatten. Nur Aufmerksamkeit.

Es gfallt mer nummen eini.
Henriette Hendel

Lieber unseres Hausfreunds Adjunkt, bester Kölle,
ich erlaube mir die große Freiheit, mich in durchaus heik-
ler Angelegenheit an Euch zu wenden. Vor etwas mehr als
fünfzehn Jahren ist unser gemeinsamer Freund Johann Peter Hebel verstorben. Viel Wasser ist den Rhein, die Spree
hinuntergeflossen, die Zeitläufte sind übers Land gegangen,
inzwischen lebe ich hier in Köslin, nahe der Ostsee im Pom-
merschen bei meinem Schwiegersohn, einem von wenigen
Anverwandten, die das Schicksal mir aufgespart hat. Aber
Hebel, Hebel ist mir – und Euch gewiss auch – im Herzen
geblieben wie kaum ein anderer. Dieses mein Herz schüt-
te ich Euch hier auf den Blättern eines vermutlich langen
Briefes aus – ich bin gewiss, dass er Eure Geduld durchaus in Anspruch nehmen wird, auch wenn ich jetzt eben
nur das erste Stück Papier in Händen halte und es durchaus
sein könnte, dass mir mein Vorhaben nicht gelingen wird. Ich
will Euch mein besonderes Verhältnis, diese bemerkenswerte
Freundschaft zwischen Kirchenrat und Schauspielerin, dar-
legen; und fühle mich gedrängt dazu – ohne äußeren Zwang
und naheliegenden Anlass, allein aus innerer Notwendigkeit
und weil ich heuer das siebente Jahrzehnt erreiche –, um
mit unleidigen Gerüchten und böser Nachrede aufzuräumen.
Zumindest zwischen uns, Euch und mir. Was ich schreiben
will, ist gewiss nicht für die neugierige Gesellschaft bestimmt,

nicht für die Abendblätter und Morgenzeitungen, die sich so gern ans Auffällige halten und das Innige übersehen dabei, es in jedem Fall nicht hoch genug schätzen.

Ihr werdet euch fragen, warum ich meine Zeilen und die – erwartete – Fülle an Bögen an Euch richte. Es liegt auf der Hand: Ihr seid der Adjunkt gewesen, er ernannte Euch in seinen Geschichten, im »Landkalender« und »Schatzkästlein«, zum besonderen Dienstmann, der manche Anekdote beitrug und sich für die Wahrheit verbürgte. Und schließlich hat uns der Erzähler des »Schatzkästleins« zusammengebunden, Euch als den Adjunkt und mich als dessen »Schwiegermutter«. So nehme ich mir denn das Recht jeder Schwiegermutter heraus, die Dinge und Widerfahrnisse zu deuten und geradezurücken, kraft ihrer Lebenserfahrung und ihrer Sicht auf die Sachen und Ereignisse, die etwas distanzierter ist als die dessen, der nahebei lebt und alles unmittelbar erfährt. Ich schreibe wohl auch zu meiner Selbstvergewisserung, noch mehr aber zur Ehrenrettung und aus Ehrerbietung unserem gemeinsamen, überaus hoch geschätzten Freund gegenüber. Er hat nichts mehr davon, aber sein Ruf soll nicht irgendwann einmal leiden müssen, denn an unserer Liaison, die in des einen oder anderen Munde war, war nichts Unrechtes oder Anrüchiges. Ihr werdet zustimmen, wenn Ihr meine Blätter zu Ende gelesen habt.

Als ich ihm das erste Mal mit Bewusstsein begegnete, war ich ihm schon längst ein Begriff. Hebel war bekanntermaßen ein Theaterfreund, ihn zog es leidenschaftlich in die Ränge vor dem großen Vorhang. Ihr habt ihn gewiss ab und an beobachtet, wie er höchst konzentriert einer Vorführung beiwohnte und mit dem Herzen mitging, wenn laut oder leise, larmoyant oder lächerlich gespielt, gerungen, parodiert und deklamiert wurde. Er war einer der besonders aufmerksamen

Zuschauer und Zuhörer – und in dieser Art fiel er mir auch auf, als ich – es muss im späten Jahr 1808 gewesen sein – zum ersten Mal die Karlsruher Hofbühne betrat. Das Hoftheater war oder ist – Ihr seht's mir nach – ein recht plumper Bau, mit dem wuchtigen Langhaus als Eingang, dem eher schmalen Foyer, den gedrängten Logen. Da habe ich anmutigere Bühnen gesehen, und größere, kunstvollere. Aber Hebel verdross so etwas nicht, er wird erfreut gewesen sein, dass es in seinem halb geliebten, halb geschmähten Karlsruhe überhaupt einen Ort für Dramen und Schauspiel gab. Über Theaterstücke, die er besonders goutierte, sprachen wir nie, aber ich glaube, er war, soweit es das Repertoire der Kompagnien erlaubte, die den großherzoglichen Hof besuchten, auf der Höhe der Zeit. Die großen Theaterdichter waren zu erleben, Schiller mit »Wallensteins Tod« oder »Die Räuber«, die »Iphigenie« des Goethe, Shakespeares »Hamlet« – und viele andere Namen, die heute zu recht der Vergessenheit anheimgefallen sind. Über das, was Bedeutung hat, richtet die Zeit.

Dass Hebels »Alemannische Gedichte« von Geltung sind, daran zweifelte ich nie, seit ich sie gelesen habe, eher zufällig, weil ich mich auf dem Weg ins Badische kundig machen wollte, welche Dichter dort wohl zuhause seien. Der Ton der Gedichte, die der Olympier selbst gelobt hatte – immerhin –, traf und bewegte mich sofort, ihr spielerischer Ernst, ihr Gefühl, sanft und stark zugleich, der Heimat verbunden und doch mit einem Blick, der an den Höhen des Schwarzwaldes und der nassen Grenze des Rheins nicht haltmacht. In diesen Gedichten hat Hebel ein Auge für das Besondere, das Kleine auch, das Außergewöhnliche im Vertrauten, und seine Sprache ist von großer Innigkeit. Mir gefiel auch, dass mich diese alemannische Zunge, ans Schweizerdeutsche erinnernd, irritierte und ich nicht gleich jede Zeile verstand.

Als ich einige der »Alemannischen Gedichte« das erste
Mal deklamierte und sie darstellte, ins lebendige Bild setzte
mit meiner, von Italien her auf uns gekommenen mimisch-
plastischen Methode, hätte ich erahnen können, wusste es
aber nicht, dass Hebel im Publikum saß. Erst gegen Ende
meiner Darbietung sah ich vor mir einen freundlichen Herrn,
auffällig, da er äußerst verzückt lächelte, mit einem großen
Strahlen in den Augen. Ihr zweifelt? Doch, es war so – das
gemeine Publikum glaubt nicht, wieviel wir Schauspielerinnen von der Bühne her sehen können, auch wenn das Licht
der Lampen im Zuschauerraum noch so trübe ist. Und Hebels Augen leuchteten. Ich merkte ihn mir, diesen Herrn, der
vor Rührung erst zu applaudieren vergaß und dann mit einer
Begeisterung in den Applaus einfiel, die ich nicht oft gesehen
habe. Nach der Vorstellung kam der Theaterdirektor Frei-
herr von Stetten in die Garderobe und zeigte sich ebenfalls
gerührt; und hocherfreut, dass ich eine bedeutsame Person
des öffentlichen Lebens der bescheidenen Stadt (womit er
recht hatte) auf diese hervorragende Weise gewürdigt hätte.
Ich verstand nicht, bis er mir den Begeisterten in der zweiten
Reihe als Johann Peter Hebel, als den Hebel, den Verfasser
der »Alemannischen Gedichte« höchstselbst, vorgestellt hatte. Erst war ich ein wenig erschrocken, ob ich mir nicht zu
viel herausgenommen hätte, die Gedichte zu rezitieren, ohne
um seine Zustimmung gebeten zu haben, doch Direktor von
Stetten beruhigte mich: Dem Hebel sei das ja ganz augenscheinlich eine Freude und Wohltat gewesen. Und im Übri-
gen warte er draußen im Foyer, um mir, der großen Mimin,
persönlich die Aufwartung zu machen. Wie es meine Art ist
(immer noch): Ich war neugierig und versprach, mich mit
der Maske zu eilen und mich nur etwas frisch zu machen,
um Hebel alsbald die Hand zu reichen.

Als ich ins Foyer trat, hatte sich das Publikum schon fast gänzlich zerstreut, nur wenige waren noch ins gesellschaftlich unverbindliche Gespräch vertieft und nippten an einem Glas Wein. So machte ich Hebel sofort aus unter den Leuten, er stand etwas zurückgezogen zur Linken, wirkte unsicher, ob er auf mich zuhalten sollte oder ob das wohl zu nassforsch oder unschicklich wäre. Also ging ich kurzentschlossen zu ihm und stellte mich vor. Meinen Händedruck recht zart, nicht stark erwidernd, sah er mich zuerst nur an, sprach noch nichts. Das war kein unangenehmes Schweigen und ich fühlte mich auch nicht eingeschätzt und gemustert, es war, als wolle er den Eindruck, den ich auf ihn machte, verstehen und auskosten.

Nach etlichen Sekunden erst stellte er sich vor:

Gestatten Sie, werte Frau Hendel, Hebel ist mein Name, Johann Peter Hebel, Schuldirektor in spe und Kirchenrat, gelegentlich auch ein Dichter, wie Sie wissen. Wenn auch kein gänzlich ernst zu nehmender. Es ist mir eine Ehre und ein willkommenes Glück, Sie kennenzulernen, und ich bin Ihnen zutiefst zu Dank verpflichtet!

Verpflichtet nun wohl nicht, erwiderte ich. Ehre und Freude liegen doch ganz auf meiner Seite, da Sie es sind, der der literarischen Welt diese Strophen geschenkt hat, die ich zu rezitieren mir die Freiheit genommen habe. Ohne den Autor um Erlaubnis gefragt zu haben, was ich jetzt bedauere, dieweil er nun vor mir steht und sich so artig zeigt.

Hebel lächelte, verbeugte sich leicht, eine unaufdringliche Geste, an der er Spaß zu haben schien.

Eine Erlaubnis zu erbitten wäre gewiss zu viel des Guten gewesen, verehrte Frau Hendel. Gedichte, einmal in die Welt gesetzt, gehören nicht mehr dem Autor allein – und wo fände ich sie besser aufgehoben als in Ihrem Munde und Ihrem Spiel!

Sprach er und errötete nun ein wenig dabei.

Ich dankte und ermutigte ihn dazu, den Abend und sein Erlebnis noch bei einem Glas Wein Revue passieren zu lassen, doch er schlug aus, da er am kommenden Morgen früh noch Schulsachen zu erledigen habe und am nächsten Tage eine Konsistoriumssitzung auf ihn warte, die er noch vorbereiten wolle. Ich muss sagen, dass mich das befremdete – ich lasse mir nicht gerne einen Korb geben –, aber eine Ausrede schien es nicht zu sein, eher der Ausdruck seines Pflichtbewusstseins und seines Arbeitseifers. Ich musste das einsehen – und so verabredeten wir uns auf einen späteren Zeitpunkt im Caféhaus oder zum »Schöpplein«, wie er lustig meinte, indem ich ja noch ein paar Tage in der Stadt sein würde und sich gewiss Gelegenheit finden lasse, etwa nach einer der nächsten Aufführungen, bei denen er ohne Zweifel zugegen sein werde.

Freundlich trug er mir seinen Arm an und geleitete mich durch die Nacht zum Gasthaus Bären, wo ich diesmal logierte und es noch öfter tun sollte, als ich damals ahnte.

Mir gefiel dieser Herr Kirchenrat mit seinen angenehmen Umgangsformen und seiner bescheidenen Art. Ich habe viele Männer erlebt, die sich frech gebärdeten oder einen hochnäsigen Anspruch erhoben auf Bekanntschaft mit der nicht ganz namenlosen Schauspielerin, die ich mich mit gutem Grund schon damals nennen durfte. Ob von Adel oder bürgerlich, Frauen gegenüber verhielten sie sich unangemessen und unfreundlich. Nicht so Johann Peter Hebel, er schien gänzlich ohne Arg, von natürlicher Freundlichkeit und Achtung zu sein. Bei unserer ersten Begegnung mag ich dessen noch nicht gewahr geworden sein, aber heute meine ich, zurückschauend, sagen zu können, dass um seine Lippen fast immer ein feines Lächeln spielte, ein kaum merkliches, das aber immer voller Wärme war für die, mit denen er gerade Umgang pflegte. Er gefiel mir mit seinem graublauen Gehrock und dem blauen Beinkleid, dem hohen Kragen am weißen Hemd, gepflegt, aber nicht eitel. Er bemühte sich um die Kleider, die Leute machen, eher nicht, kam bieder und schlicht daher – manchmal hätte er sich als Kirchenrat und Direktor, als Prälat später, durchaus etwas würdevoller herausputzen können; doch das lag ihm nicht.

Tatsächlich trafen wir uns in diesen Tagen noch einmal. Hebel hatte sich mit einem kleinen Billett angekündigt, eine Charade dazugelegt, die mir den Treffpunkt verriet: *Arabia ist mein Vaterland, in Deutschland werd ich braun gebrannt, in einer Mühle klein gemahlen, dann fühl ich heißen Wassers Qualen, zuletzt gießt man noch Milch mir zu, trinkt mich und raucht Tabak dazu.* Vom Caféhaus aus, wo er offensichtlich ein gern gesehener Gast war, flanierten wir noch etwas durch den Schlossgarten und durch den Zirkel, der elegant den Fächer von Straßen zusammenhält, der vom großherzoglichen Schloss ausgeht, parlierten ganz unverbindlich über den Herrn Goethe und seine Gelehrtheit, über Glanz und Elend der Stadt Karlsruhe, über Dichtung und Theaterkunst. Begeistert sprach er auch vom Oberland, das ich bis heute nicht kenne. Eben seine Begeisterung machte ihn mir damals so angenehm, dass ich, auch als ich schon längst wieder auf Fahrt zu anderen Bühnen war (größeren, berühmteren), immer wieder an ihn denken musste als an einen Menschen, der eine grundständige Neugierde an den Tag legte, der sich ansprechen lassen wollte auch vom Unvertrauten. Denn das Leben, das ich führte (und führe), war ihm fast gänzlich fremd. Als wir uns nach gut drei Stunden verabschiedeten – was für zwei, die sich eben erst getroffen haben, doch eine recht lange Zeit ist –, war es keine Frage, dass wir uns wieder verabreden würden, wenn ich bei einer nächsten Tournee die badische Residenz streifen oder besuchen würde.

Dies war der Anfang, lieber Kölle, einer langen Freundschaft; damals begannen wir auch, Briefe zu wechseln; den einen oder anderen mögt Ihr kennen, Hebel ist ja immer recht großzügig gewesen darin, an seinen Korrespondenzen Anteil zu geben. Alles wird er Euch gleichwohl nicht gezeigt haben. Ich glaube heute, dass ihm meine Briefe und Berichte wie ein kleines Fenster waren in eine Welt, die ihm mit seinen vielen dienstlichen Verpflichtungen sonst verschlossen blieb, ihn als Lern- und Wissbegierigen aber sehnsuchtsvoll beschäftigte. In seinen Kalendergeschichten hat er den Blick doch oft genug weit, weit hinaus gerichtet, über Grenzen, Tradition und Aberglauben hinaus; und Ihr und ich, der Adjunkt und die Schwiegermutter, wir haben unseren Verdienst daran.

Bald ein Jahr darauf kam ich wieder ins badische Karlsruhe, auf einer Reise von Bonn und Amsterdam her, doch blieb ich dieses Mal nicht nur wenige Tage, vielmehr großzügige vier Wochen, die mir durch Hebels Aufmerksamkeit und Gesellschaft kostbar und leicht gemacht wurden. Ihr mögt ahnen, lieber Adjunkt, dass mir der Aufenthalt in der Provinz nicht allezeit ein Vergnügen war, aber diese Wochen in der badischen Residenz möchte ich nicht missen. Ich gestehe, dass ich mich durch Hebels Zuvorkommenheit geschmeichelt fühlte; er hatte ein warmes Herz, ließ sich rasch beeindrucken, teilte meine Vorliebe fürs Weltläufige und Moderne, kurz: Wir gewannen einander sehr viel ab, genossen die Gemeinschaft miteinander. Die Begeisterung, mit der er mich empfing, zeigte mir deutlich an, dass er, wie er selbst gesagt haben würde: »vernarrt« in mich war. Ich hatte diesen Gefühlsüberschwang, diese Schwärmerei – und er fragte sich wohl nie, ob ich ihrer würdig sei – schon zuvor bei anderen Männern erlebt, die mir den Hof machten. Doch bei ihm genoss ich sie, da sie so unverstellt war. Was ich insonders daran ablesen konnte, dass die Karlsruher Gesellschaft, die Damen und Herren bei Hofe, in den Matineen und im Museum über Hebel tuschelten, sich verwundert zeigten, so, als kennten sie solche Äußerungen seines Gefühls recht eigentlich nicht von ihm.

Kaum war ich am Bären eingetroffen, stand er vor der Türe des Gasthauses und begrüßte mich, ein wenig formal und ungelenk: Welch ein Vergnügen, Sie, Frau Hendel, die unvergleichliche Mimin, wieder bei uns zu haben; die Stadt und Ihr Publikum werden es Ihnen zu danken wissen.

Da gab er sich noch keine Blöße, zumal sich vor dem Wirtshaus eine kleine Menge versammelt hatte, die voller Wunderfitz den neuen Gast beschauen wollte und durchaus ein wenig staunte, dass der Herr Schuldirektor zum Willkommen bereitstand, der doch eher für Distanz und Zurückhaltung bekannt war. Gab es dafür – mag sich der eine oder die andere gefragt haben – gar romantische Gründe?

Die gab es, nicht nur auf Seiten des Herrn Kirchenrat. Wie er da stand, indem der Wille, mich als Erster zu empfangen, über die Verlegenheit vor den Leuten gesiegt hatte, rührte er mich zutiefst. Tatsächlich hatte ich ihn im Laufe dieses Jahres immer wieder einmal vor Augen gehabt und freute mich auf seine freundliche Erscheinung, nun war ich ganz eingenommen von ihm. Nicht von seiner Gestalt, war er doch wahrlich kein attraktives Mannsbild, kein oberländischer Naturbursch, wie ihn sich manche Hof- oder Bürgersdame bisweilen zur Seite wünschen mag. Hebel war nicht sehr groß, ging, vom Beamtenstande gut genährt, ein wenig auseinander, an Händen und Wangen wirkte er blass, obschon er sich viel in der

Natur erging. Ihr kanntet ihn ja, werter Kölle: Er machte nicht viel her und machte sich nicht viel aus sich – aber sein höflicher Sinn, die Feinheit seiner Worte und seiner Sitten, sein Blick aus offenen, alleweil suchenden Augen verliehen ihm eine eigene Schönheit, sein stetiges Lächeln legte einen Glanz aufs unverschattete Angesicht.

Ohne eine Finte, ohne ein taktisches Manöver, allein durch seine Gegenwart und Freundlichkeit eroberte Hebel mein Herz. Für eine kleine Weile, muss ich sagen, denn ich bin ja weitergezogen – und war bald, wie Ihnen bekannt sein mag, mit meinem vierten Mann verheiratet, dem guten Schütz, der nun auch schon lange nicht mehr unter den Lebenden weilt. Ich hätte mit Hebel mein Leben nicht teilen mögen, zu fremd waren mir schließlich sein Amt, seine Geistlichkeit, seine pädagogische und höfische Welt geblieben. Manche Frage, die ihn bewegte, um das Theologische oder Politische in seiner Provinz, hatte für mich keinerlei Bedeutung; es braucht für das Eheleben denn wohl doch mehr als Gefühl und Gefallen.

Doch er gefiel mir alsbald wieder und wir knüpfen an die vorjährige Begegnung mit großer Leichtigkeit an. Noch vor der Gasthauspforte, noch bevor ich Logis nahm, verabredeten wir uns für den folgenden Tag zum Stelldichein auf einen Kaffee im Caféhaus Drechsler, dem ich mit geradezu mädchenhafter Aufregung entgegensah. Verzeiht, verständiger Adjunkt, aber damals konnte ich mir lebhaft vorstellen – lebhaftest muss ich wohl sagen –, mit Hebel anzubandeln. Ich war zu dieser Zeit noch frei, hatte keine Verpflichtung vor Gatten und Familie, und warum sollte eine Frau nicht kosten dürfen von dem, was das Leben ihr zufällig bietet? Auf eine Beziehung von Dauer hätte ich damals gewiss nicht gehofft, aber ich mochte dem Augenblick sein Recht geben.

Sollte er »vernarrt« sein, ich wollte ihm nicht nachstehen darin!

Freilich: Ich schreibe diese Zeilen mit einem Abstand von über dreißig Jahren, als lebens- und liebeserfahrene Frau, für die der Freund und Dichter Johann Peter Hebel aufs Ganze gesehen nur eine überaus erfreuliche Episode blieb. Doch noch immer verspüre ich Wärme für ihn – und damals wollte ich nicht nachdenken, wollte ich mich dem Gefühle hingeben und, in dem Wissen, dass ich nach drei bis vier Wochen wieder abreisen würde, sehen, was daraus würde, wieviel Nähe und Vertrautheit möglich sein würden mit einem Menschen, der mir noch fremd, aber höchst angenehm war. Ich bin nicht sicher, ob ich in Hebel, wie er ganz augenscheinlich in mich, verliebt war – wie ich mir ohnehin nie sicher war und bis heute nicht bin, was es zur Liebe denn braucht –, das war mir gleich. Anlass genug gab er mir, mich ihm zu öffnen, ihn in meinem Herzen willkommen zu heißen wie er mich in seiner Stadt.

Wir verbrachten manche Stunde miteinander, wenn es seine vielfältigen Pflichten zuließen, im Caféhaus, wo uns umsichtiges, rücksichtsvolles Personal bediente, in den Gasthäusern im Rund; er führte mich durch das alte Residenzstädtchen Durlach, wir ergingen uns in den Gärten vor Karlsruhe. In sein Logis, in die Direktorenwohnung über dem Lyceum, lud er mich nie ein, obwohl sie sehr repräsentativ sein mochte und ich gewiss neugierig war, wie er sich's dort eingerichtet hatte. Einmal trug er mir das »Abenteuer« (wie er sich ausdrückte, nicht ohne Ernst) einer Fahrt nach Baden an, wo er mich ins Konversationshaus einladen und mir zeigen wollte, dass der Mensch dort, unter Königen, Fürsten, Grafen und Professoren, bei Müßiggang, Wohlleben und Geldspiel in einer ganz anderen Welt sei, als die Karlsruher Provinz sie darstellte. Ob er mich damit beeindrucken wollte, weiß ich nicht, mich hätte das noble Örtlein im Oostale tatsächlich interessiert, es ist aber dann doch nicht dazu gekommen. Vielleicht hat ihn der Mut verlassen, weil ihn die Hingebung in unsere zarte Vertrautheit erschreckte.

Ein großer Schrecken ereilte uns an einem der Theaterabende, zwei Wochen etwa nach meiner Ankunft in der Residenz. Die Blätter und das Stadtgespräch feierten meine Auftritte über Gebühr, fast war's mir ein wenig peinlich. Hebel freute sich darüber nur, verhehlte seinen stillen Stolz nicht.

Schon bevor ich anreiste, hatte ich beschlossen, wieder mit Hebels »Alemannischen Gedichten« auf die Bühne zu gehen, inzwischen ein wenig versierter in der Diktion, den lautmalerischen Feinheiten der alemannischen Sprache. Der fremde Zungenschlag hatte meine ganze Freude und gelegentlich meinte ich, ihn zu beherrschen gerade so wie das Italienische, das sich süß und vollmundig anfühlte auf meiner Zunge – nur war das oberländische Idiom herber und härter, es schmeckt eher nach einem gesunden Kanten Brotes denn nach einer reifen, südlichen Traube. Hebel zu Ehren wollte ich seine Zeilen wieder deklamieren, nach den zwei Wochen Aufenthalts mischte sich darein auch ein wenig Schalk, etwas Lust daran, die Gerüchte, den Tratsch zu befeuern – ohne meinem Freund zu schaden dabei, denn das Theaterpublikum würde es abermals zu goutieren wissen, dass ich seinem weltläufigen Heimatdichter wieder die Weihen des Spiels zuteilwerden ließe. Um einen wohlgemeinten Scherz kam ich nicht herum, den nur Hebel gehört haben mag:

Ich begann den Abend mit Hans und Verene: *Es gfallt mer nummen eini, und selli gfallt mer gwis!* und gab damit das Thema vor. Der *Schwarzwälder im Breisgau* folgte; ich führte die geneigten Karlsruher über Müllheim *(Trinkt me net e gue-te Wi?)*, Bürgeln *(Oh, wie wechsle Berg und Tal)* und Staufen *(Tanz und Wi und Lustberkeit)* nach Freiburg *(... sufer isch's und glatt)* und nach *Herischried im Wald* zurück, und – den Ton erst gelinde, dann zunehmend steigernd – Johann Peter Hebel aufs Glatteis. Denn als ich zitieren sollte: *Imme chleine Huus wandelt i und us* – *gelt, de meinsch, i sagder wer? S isch e Sie, es isch kei Er,* da rief ich stattdessen – und deutete, einem frechen Einfall folgend, mit dem Finger auf ihn, der diesmal in einer Loge saß: *S isch kei Sie, es isch en Er.*

Da ich Hebels Gesicht im Licht der Theaterlaternen in der ferneren Loge diesmal nicht deutlich sehen konnte, wusste ich nicht, ob er erfreut, getroffen oder beschämt war. Das klärte sich rasch auf, nach der Vorstellung kam er begeistert auf mich zu und hätte mich fast in die Arme geschlossen, wäre das nicht unschicklich gewesen und hätte es dafür nicht allzu viele Zeugen gegeben. Es war noch viel Volks im Hause und so ergingen wir uns im Flur vor den Logen, der sich allmählich leerte, damit wir ungestört den Abend besprechen und die Gegenwart des anderen genießen konnten. Bei erstbester Gelegenheit zündete Hebel sich, wie es eine unverwüstliche Gewohnheit war, im Gespräch eine Pfeife an, schmauchte vor sich hin und war so, umgeben von Rauch und Tabaksduft, ein angenehmer, zugewandter Gesprächspartner. Ich bin keine Freundin des modischen Rauchens und der Tabakskollegien, aber Hebel sah ich es nach, indem sein Gewand nach einem erträglichen Knaster duftete und die Pfeife ihn zu einem verträglichen Zeitgenossen machte. Diese besondere Gemütlichkeit und Aufgeräumtheit, die ich nur bei ihm antraf, fehlt mir heute ab und zu.

Doch fast hätte der Abend in einer Katastrophe geendet: Zum Pfeifenrauchen gehört ganz offensichtlich auch das verständige Pfeifenreinigen – nachdem Hebel sein Pfeiflein zu Ende »getrunken« hatte (ein schnurriger Ausdruck, den er mochte), wollte er ein Fenster öffnen, um das Meerschaum-Stück auszukratzen – und vergriff sich. So vertieft in unser Gespräch – wobei seine Augen an meinen Lippen hingen und er nicht bedeutend viel zur Konversation beitrug –, ging er nicht auf ein Fenster zu, sondern auf die Türe einer Loge – die aber gar keine Loge war, die Türe gab es nur zur Zierde; wessen er, den Blick unverwandt auf mich gerichtet, nicht gewahr wurde, vielmehr beugte er sich, um die Asche aus dem Pfeifenkopf zu befördern, über die Balustrade, die, weil er sich darauf lehnte, alsbald abbrach, herabstürzte und im zum guten Glück geleerten Zuschauerraum aufschlug, mit großem Getöse, das die Bediensteten des Theaters und die Honoratioren samt Ehefrauen wieder in den großen Saal lockte, die einen, um pflichtschuldig zu sehen, was sich zuge-tragen habe und ob Hilfe vonnöten sei, die anderen, um ihre Sensationslust zu stillen. Hebel hatte sich gerade noch an der Zarge festhalten können, merkte jetzt erst, was ihm wider-fahren war – und lachte. Ein glückliches, kindsgleiches La-chen, das mich erst verwirrte, dann ansteckte. Was ihn lachen machte, war vordergründig der Umstand, dass er davonge-kommen, von einem größeren Unglück verschont geblieben war – das übriggebliebene Karlsruher Publikum beglück-wünschte ihn dazu auch und lobte seine Geistesgegenwart, mit der er seinen Leib noch hatte halten können; viele, dar-unter selbstverständlich auch ich, waren froh, dass ihm im Missgeschick kein Leids geschehen war und sie ihn nicht beklagen mussten. Es klingt aberwitzig, lieber Kölle, aber so wurde aus meiner Deklamation samt beinahe stattgehabtem Fenster-, oder besser: Türensturz noch ein sehr fröhlicher Abend, bei dem der Kirchenrat und Direktor sprühte vor

Witz und Schalk, da ich mich ihm nahe fühlte, ihn geradezu bewunderte wie nie. Als er mich später – es muss schon eine gute Stunde nach Mitternacht gewesen sein – nach Hause in den Bären führte, den Marktplatz, an dessen anderem Ende er wohnte, vermeidend, umarmte er mich doch noch kurz, aber innig, und bat, bevor er mir eine gute Nacht wünschte, mich am morgigen Tag sehen zu dürfen, weil er mir noch etwas mitzuteilen habe. Natürlich wollte ich sofort wissen, welches Geheimnis er noch eine Nacht und einen Tag vor mir verbergen wollte, aber er wehrte ab und warb um Geduld, da die späte oder frühe Stunde nicht geeignet sei, sich zu offenbaren.

Wir verabschiedeten uns, ich ging auf mein – übrigens spärliches – Zimmer, um dort eine unruhige, schlaflose Nacht zu verbringen. Ich war in Sorge um Hebel, weil er mit dem Unfall für meinen Geschmack zu arglos umging. Hatte er denn gar nicht begriffen, was ihm hätte geschehen können, oder hatte er den Schrecken einfach überspielt, um nicht zum Gespött zu werden, keine Schwäche zu zeigen? Wie falsch ich lag, erfuhr ich am Abend des angebrochenen Tages.

Wir hatten uns am Marktplatz vor der Stadtkirche verabredet, die mir immer etwas unheimlich war mit ihrer antikischen Wucht; Hebels Bekannter, der berühmte Weinbrenner, hatte hier ganze Arbeit geleistet, aber nicht nach meinem nüchterneren, protestantischen Geschmack. Unter den Säulen wartete ich auf Hebel, der von seinem Lyceum nur ein paar Schritte zu gehen hatte. Oktober war es, und es ging auf den Abend zu, als wir über den Platz in Richtung Schloss gingen. Wir bogen dann rechts ab zum Fasanengarten, den ich lieber mochte als den sehr kultivierten, etwas verkünstelten Schlossgarten. Als wir uns von der eigentlichen Stadt entfernt hatten, bot Hebel mir seinen Arm; er schien erregt, auch mir schlug das Herz. Zunächst wagten wir es kaum, einander in die Augen zu sehen. Als wir eine Bank fanden, setzten wir uns in den Abendschatten einer großen Platane, die schon begonnen hatte, ihre herbstlichen, aber noch festen Blätter um sich zu streuen – und schwiegen eine rechte Weile. Freilich gibt es Momente, die keiner Worte bedürfen.

Lassen Sie mich noch einen Satz zum gestrigen Abend verlieren, teuerste Freundin, sprach Hebel nach einer gut bemessenen Zeit.

Sehr gerne, mein Freund. Sie wollten noch ein Geheimnis lüften.

Ach, so weit her ist's damit nicht. Nach dieser Nacht, in der ich vor Glück kaum geschlafen habe …

Vor Glück? Auch ich fand keine Ruhe, doch war ich besorgt um Sie.

Um mich, meine Liebe, müssen Sie sich keine Sorgen machen. Ich bin wohlauf wie kaum je.

Tatsächlich? Nach diesem Widerfahrnis gestern sind Sie wohlauf? Bitte verzeihen Sie, dass es mir schwerfällt, das zu glauben. Da sind Sie fast zu Tode gestürzt – und nichts ist davon übrig als Glücksgefühl und Überschwang? Glück im Unglück vielleicht, das würde ich gelten lassen, weil Sie die Zarge gerade noch gehalten haben und die Zarge freundlicherweise Sie.

Gewiss, wenn Sie allein darauf schauen, ist's ein günstiger Umstand, ein zufälliges Glück, so dass ich meinem Herrgott danken sollte – und sonst nichts. Mein Glück aber ist, was mich beinahe ins Unglück stürzen ließ.

Ich verstehe Sie nicht.

Das sagte ich durchaus mit etwas Ärger in der Stimme, ich hatte das Gefühl, Hebel wolle mich zum Besten halten und nähme mich in meiner Sorge um ihn nicht wirklich ernst. Und ich mag es bis heute nicht, wenn einer in Rätseln mit mir spricht, vom Charadespiel einmal abgesehen.

So beenden Sie endlich die Geheimniskrämerei und sprechen aus, was Sie mir offenbaren wollten. Das haben Sie in der Nacht versprochen.

Sofort, Teuerste. Lassen Sie mich nur einen Moment noch Atem holen.

Sofort waren aus seinem Gesicht aller Schalk und aller Schabernack gewichen, mit einem Ernst, den ich mich nicht scheue ›heilig‹ zu heißen, schaute er auf die gelbbraunen Blätter vor uns, bis er den Blick hob und mich ganz unmittelbar, ungeschützt und verletzlich ansah.

Gestern Abend mögen Sie, Henriette, an mir gezweifelt haben, weil ich mich nach dem Missgeschick wie toll aufgeführt habe – und vielleicht haben Sie's dem unwahrscheinlichen Wohlwollen meines Schicksals zugeschrieben, über das ich mich selbstverständlich freue. Doch hat, dass ich mich frei und unbeschwert und lächerlich fühlte, noch eine andere Bewandtnis …

Von der Sie mir jetzt erzählen?

Gewiss! Darum haben wir uns hier eingefunden, das habe ich Ihnen zugesagt. Lauschen Sie nur einen Moment.

Ihr müsst wissen, werter Freund und Adjunkt, Hebels Bitte um Gehör kam nicht von ungefähr. Ich neige dazu, rasch und viel zu sprechen, meinem Gesprächspartner ins Wort zu fallen, zu fragen und zu kommentieren, so dass ich ihn in Eile versetze, dass er oder sie schnell spricht, ohne Muße. Oder kaum zu Wort kommt. Darum ist, allein zu hören und zu schweigen dabei, nicht die leichteste Übung für mich. Beim geduldigen Hebel bin ich ein wenig in die Lehre gegangen.

Sprechen Sie nur, lieber Hebel, ich will aufmerksam sein.

Sehen Sie, ich hatte Glück, dass kein Unglück geschah – doch nebenher ereignete sich etwas, das mich aufwühlte und vor Freude fast zerspringen ließ. Ich habe Sie deklamieren hören, meine Worte, meine Gedichte, in der vertrauten Sprache, die Sie inzwischen so gut zu Gehör zu bringen verstehen – und als Sie den einen Satz wendeten, als Sie ihn umkehrten und mit dem Finger zu mir herüber zeigten, da war es mir – buchstäblich – ein Fingerzeig, dass Sie mich meinten. Mich allein, den bald alten Hebel, den spröden Pädagogen, den klerikalen Kirchenrat, den Dilettanten in mancherlei Wissenschaft, den Dichter vom Lande, der einsam genug ist und nicht mehr als mancher Freunde Freund. Den noch kein Herz erreicht und bewegt hat und der doch nichts herzlicher wünscht als dies. Als mich diese Ihre Nachricht erreichte, war ich außer mir. Der ganze Schaden ist nur entstanden, weil ich – beglückt – nicht bei mir war, nicht beherrscht, nicht voller wohlgeübter Contenance, nicht ausgeglichen und bieder. Nein, ich war außer mir.

Doch ist das nicht … beängstigend? Wenn Sie nun tatsächlich verunfallt wären?

Im Gegenteil, meine Teure, im Gegenteil. Ganz außer mir war ich ganz bei mir selbst. Noch nie so frei von meinen Konventionen, Rücksichten und Vorsichten, noch nie so frei von mir selbst – und noch nie so nah bei mir. Im Lichte Ihres Fingerzeigs war ich zuhause. War unmittelbar. In Ihrem Blick, Ihrem Aufmerken und Zuwenden habe ich Heimat gefunden, die lang vermisste Heimat, die ich verlor, als die Mutter starb – so viele Jahre ist das her.

Das haben Sie mir bisher nicht erzählt.

Es schmerzt noch heute, aber ich will es tun, wenn wir die Zeit dafür finden.

Ich bitte Sie darum!

Und wenn ich nun wirklich in den Saal gestürzt und, mag sein, hart verletzt oder gar zu Tode gekommen wäre, es wäre kein Schade gewesen. Zu gehen, wenn das Leben mich ganz umfängt und mir alles zugewandt hat, was es vermag – daran kann ich nichts Bedauerliches finden.

Mein Hebel, das klingt erbaulich und schön, aber …

Ich weiß schon, Sie wollen mich der Schwärmerei zeihen und mich schelten, weil ich so romantisch rede. Aber lassen Sie's nur gut sein, für heute nur. Zu diesen Augenblicken Glücks will ich sagen: Verweilet doch, ihr seid so schön! Ein wenig auskosten will ich sie und bitte Sie, indem Sie die Ursach sind dafür, sie für eine kleine Zeit zu teilen mit mir.

Wir schwiegen einen Moment. Ein leichter Wind ging durch den Baum, so dass er noch einige Blätter verstreute, die um uns herum zu Boden gingen, eines fiel mir genau in die übereinandergelegten Hände.

Und selbst, Henriette, wenn Sie das Fühlen und Ergriffen-Sein nicht teilen, so dank ich Ihnen doch, dass Sie sie mir geschenkt haben, unverdient.

Ich wendete das Blatt ein wenig hin und her, ließ es fallen und nahm stattdessen sanft seine linke Hand auf, die er mir gerne überließ, wie ich spürte.

Mein Freund, ich glaube zu verstehen, was Sie bewegt und beglückt hat. Und auch wenn ich nicht in gerade dieser Weise empfinden kann, wie Sie es tun – vielleicht bin ich in den Liebesdingen erfahrener und abgeklärter als Sie –, so will ich es doch in jedem Fall gelten lassen. Darum müssen Sie nicht bitten.

Offensichtlich erleichtert, drückte er mit leichter Kraft meine Rechte, zum Zeichen wohl, dass er sich verstanden fühlte. Das ermutigte mich, auszusprechen, was ich nicht erst seit der halb durchwachten Nacht auf dem Herzen trug.

Denken Sie nicht, mein Freund, dass es – wenn wir, unterschiedlich wohl, doch aber zärtlich fühlen füreinander – möglich und an der Zeit wäre, sich einander näher zu vertrauen? Unsere Welten sind verschieden, unsere Obliegenheiten widersprechen sich und die Leute würden eine Liaison nicht gutheißen – doch könnten wir uns nicht weitere Augenblicke geben, Sie mir und ich Ihnen; aus Fingerzeigen kleine Wege Arm in Arm entstehen lassen? Ich werde wieder gehen, mein lieber Hebel, Sie werden bleiben und ab und an kann ich zu Besuch sein – wollen wir dann einander zur Freude, zum stillen Glück gereichen?

Ich habe damals viel gewagt, lieber Kölle, aber abwegig war es ja nicht: Es haben manche so gelebt und waren nicht unglücklich dabei. Für unseren Hebel aber war das nichts.

Seine Hand in der meinen wurde plötzlich kalt und hart, eilig nahm er sie zurück, als hätte er sich geschnitten, dann starrte er unverwandt auf das braunbunte Laub und den rauen Schotter vor seinen Füßen; er rührte sich nicht. Mir schien es besser, nun zu schweigen und nicht weiter in ihn zu dringen. Eine schwere Stille machte sich breit, selbst im Garten; in den Wipfeln rührte sich nichts, kein Blatt schwebte zu Boden.

Es mochte kaum eine Minute vergangen sein – doch es fühlte sich viel länger an –, da erhob Hebel sich und reichte mir die Hand. Ich erschrak vor seinem Blick. Nie wieder, das versichere ich Euch, dem Adjunkten, nie wieder habe ich solch traurige Augen gesehen, so eine tiefe, zerrissene, untröstliche Seelentraurigkeit. Mir verschlug es die Sprache, vor Mitleid und Sorge verstummte ich.

Hier kann ich nicht fortfahren, Henriette, seien Sie mir nicht gram. Bitte, lassen Sie uns aufbrechen.

Wie auf dem Herweg bot er mir den Arm, doch es war kein vertrautes Miteinander-Schlendern oder -Spazieren mehr; der neben mir ging, war plötzlich fremd und fern. Nicht, dass er mich abwies – wir sind Freundin und Freund geblieben. Noch lange haben wir korrespondiert miteinander, auf bestem Fuße. Er gratulierte zu meiner vierten Ehe, zu den Kindern, kondolierte, als der Schütz starb, sandte mir sein »Schatzkästlein« zu und gar die »Biblischen Geschichten« – und deutete immer wieder an, dass seine Sehnsucht nicht verloschen sei: *Es ist noch alles, wie es war, wenigstens das, was man gerne anderst hätte* – schrieb er einmal am Ende eines Briefes, ironisch, mit einem Quäntchen Traurigkeit. Vom Tod seiner Mutter hat er mir nie erzählt, das war ihm wohl doch zu persönlich oder zu wertvoll, um es mit mir zu teilen. Er dauerte mich seither, aber da gab es nichts, was ich für ihn hätte tun können, für ihn, der immer auf der Suche war, aber seine Formen nicht zu verlassen wagte.

Nach diesem Gespräch unter der Platane haben wir uns noch immer zum Kaffee getroffen oder einen kleinen Gang getan, er verabschiedete mich herzlich, als ich von Karlsruhe aufbrach, und er begrüße mich mit unverhohlener Freude, wenn ich wieder einmal vorbeikam. Es war angenehm, einander zu begegnen, ganz vertraut war es nie wieder.

So hat es sich zugetragen, lieber Kölle – in meiner Erinnerung jedenfalls. Hebel würde es wohl anders erzählt haben; freilich nahm er's beim Erzählen nicht immer so genau. Bitte fällt kein Urteil über ihn, meine Erfahrung sagt: Wir Menschen können voneinander immer nur erahnen und vermuten, was uns umtreibt, verletzt und beglückt, und ein schierer Zufall mag es sein, wenn sich zwei Menschen finden – sich selbst und gegenseitig –, die ohne Schmerzen und Missverständnisse auskommen. Am Ende ist es gut, wenn sie Freunde geworden sind, die einander achten. Das haben er und ich getan.

In diese Achtung schließe ich, die Schwiegermutter, Euch, den Adjunkten, ein. Bleibt mir gewogen – und gebt nichts weiter von dem, was Ihr hier erfahren habt, es ist nicht für die Welt bestimmt, nur für den wohlmeinenden Freund und Gefährten, der Ihr dem Hebel wart, zu Zeiten auch mir.

Habt Ihr dies lange Schreiben zu Ende gelesen, dann danke ich für Eure Geduld und Euer Vertrauen, haltet mit mir den Freund im Gedächtnis, in ehrendem Angedenken, liebevoll. So hat er's verdient. Antworten müsst Ihr oder sollt Ihr nicht, es ist genug, wenn Ihr gehört habt.

Mit besten Wünschen für Euch selbst und die Euch Anvertrauten, mit ehrlicher Freundschaft und aufrichtiger Hochachtung,

im Februar 1842

Eure Henriette Hendel-Schütz

Erhalt mer Gott

Die glückliche Frau

Erhalt mer Gott mi Friedli!
Wer het, wer het e brävere Ma,
Und meld si eini, wenn sie cha!
Er sitzt so gern bi siner Frau,
und was mi freut, das freut en au;
und was er seit, und was er thuet,
es isch so lieblig und so guet.
...
Erhalt mer Gott mi Friedli!

Nimm bloß den Frieder zu dir,
zu dir und weit, weit weg von mir.
Er schlägt nach mir, schlägt mich nieder,
und trampelt noch auf mir herum,
wenn er wütend ist.
Er kann sich nicht beherrschen,
dabei säuft er nicht einmal,
er zeigt mir nur seine Macht,
schwach, wie er ist,
und ich bekomme Angst.
Andere Männer sind auch so, hör ich,
aber das hilft mir nichts.
Wenn er mich zusammengehauen hat,
tut es ihm leid,

dann bittet er um Verzeihung:
Ich tu das nie wieder, ehrlich.
Bis zum nächsten Mal.
Ich verzeihe ihm nicht,
und du, Gott, sollst ihm auch nicht verzeihen,
wenn du's gut mit mir meinst.
Nimm bloß den Frieder fort,
nimm ihn fort.

Erhalt mer Gott mi Güetli!
I ha ne Garte hinterem Hus,
und was i bruch, das holi drus;
am Feld in feister Fure schwankt
der Halm, an warme Berge hangt
der Trübel, und im chleine Hof
regiere Hüehner, Gäns und Schof.
Was bruchi, und was hani nit?
...
Erhalt mer Gott mi Güetli!

Gott, ich brauche Arbeit,
eine gute Arbeitsstelle.
Ich gehe putzen
oder ich fahre Pakete aus,
das ist unglaublich anstrengend –
wenn ich nach Hause komme, fall ich ins Bett.
Und bin zu nichts mehr nütze.
Der Max, die Lena und die Charlotte haben nichts
und sie brauchen mich doch,   [von mir,
damit ich sie gegen den Mann schütze.
Und wenn der fort wäre,
hätten sie mich noch nötiger,

damit sie nicht allein sind.
Ich bin als Kind immer allein gewesen.
Ich brauche einen guten Job!
Immerhin hab ich doch mal was gelernt,
ich kann mit Rechnern umgehen
und mit Daten,
ich kann verwalten, Steuern berechnen.
Da wird sich doch was finden lassen.
Ich brauche Arbeit, Gott.

Erhalt mer Gott mi Stübli!
Es isch so heiter und so nett,
aß wenns e Engel zimmert het,
und puzt, aß wenns e Chilchli wär,
und wo me luegt, ischs niene leer.
Io weger, und wenns blizt und chracht,
und wie mit Chüblen abe macht,
. . .
isch's Stübli bheb, und warm und still,
turnier der Sturm, so lang er will.
Erhalt mer Gott mi Stüebli!

Schau dich mal um, Gott,
wie es hier aussieht.
Im Bad blüht der Schimmel,
die Fenster sind undicht,
in den Kinderzimmern ist es feucht.
Dem Frieder räum ich ständig hinterher.
Durch die Wand kann ich die Nachbarn hören,
wenn sie sich streiten
oder sich lieben –
und beides geht mich nichts an.

Das Sofa ist zerrissen,
wir können uns kein neues leisten.
Wenn der Max für die Schule lernt,
muss ich die anderen zwei stillhalten.
Hier stinkts, mir stinkts,
ich halt das nicht mehr aus.
Gott, hast du Wohnraum für uns,
neuen, den ich bezahlen kann?

Doch will mer Gott mi Friedli neh,
und chani nit, und mueß en ge,
sollsch Chilchhof du mi Güetli sy,
und bauet mer e Stübli dri.

Gott, ich kann nicht mehr,
mit meinen blauen Flecken,
der miesen Arbeit, der scheußlichen Wohnung,
mit der Sorge um die Kinder
und ihrem Lärm –
ich kann nicht mehr.
Da will ich lieber tot sein.
Vielleicht bin ich dann endlich …
glücklich.
Oder?

Isch's nit e Fündli?

Hinweise zur Lektüre

Im Laufe der Jahre ist mir Johann Peter Hebel zum vertrauten Freund und Gesprächspartner geworden – wenn sich das über bald zwei Jahrhunderte hinweg sagen lässt. Als ich meine erste ›Pfarre im Oberland‹ (in Kandern im Markgräflerland) antrat, war das wichtigste Buch, das ich erstand, eine Ausgabe der *Alemannischen Gedichte*, die mir – der ich kein Alemanne bin – helfen sollten, mich in die Sprache der Menschen im Dreieckland hineinzuhören. Später fiel mir das *Schatzkästlein des rheinischen Hausfreundes* in die Hände und ich begann, Hebel für seinen Schalk und seine Menschenfreundlichkeit zu schätzen, und für seine weitherzige Liberalität, nachgerade im Religiösen. Intensiv recherchiert habe ich zu seinem Leben und seinem Werk, als der katholische Ökumeniker und Literat Karl-Josef Kuschel und ich seine *Biblischen Geschichten* neu herausgaben (Tübingen 2017). In einer gesundheitlichen Krisenzeit waren es die 2019 erschienenen *Gesammelten Werke* von Johann Peter Hebel, die mir Lebenslust und Lebensmut zusprachen. Als Dichter, Pädagoge und »Kirchenrath« fühle ich mich ihm anverwandt.

Am 16. Oktober 1773 – Hebel ist dreizehn Jahre alt – stirbt Ursula Hebel, seine Mutter, nach kurzer und schwerer Krankheit auf dem Weg von Basel nach Hausen, kurz hinter Brombach. Hebel ist dabei – gewiss ein Trauma; von diesem

Tag an ist er Vollwaise, der Vater und eine Schwester starben, als Hebel ein Jahr alt war. Die Erzählung spürt diesem Ereignis, und was es für den jugendlichen Hebel bedeutet haben mag, nach. Die kursiv gesetzten Zitate in der Erzählung sind den *Alemannischen Gedichten* Hebels entnommen, insbesondere der »Vergänglichkeit« (zu den *Alemannischen Gedichten* siehe auch: Johann Peter Hebel: *Alemannische Gedichte*, mit hochdeutscher Übertragung von Richard Gäng, hg. v. Wilhelm Zentner, Stuttgart 1982).

»Die Stillende bei Rastatt« nimmt Bezug auf ein tatsächliches Ereignis im Leben Hebels, eine Anekdote, die er mit einem Schmunzeln den Freunden und Bekannten in Karlsruhe erzählt haben dürfte. Er berichtet davon in einem Brief vom April 1799 an Gustave Fecht. Hier ist sie erzählt im literarischen Stile Hebels, als eine Kurzgeschichte aus dem *Schatzkästlein des Rheinischen Hausfreundes*.

Die Brief-Erzählung »Jez hemmer's und jez simmer do« greift die Briefe Johann Peter Hebels an seine »theuerste Freundin« Gustave Fecht (1768–1828) auf, versetzt die – nicht gelebte – Liebesgeschichte zwischen Johann Peter und Gustave in die Gegenwart. Gustave war die Schwägerin des Hebel-Freundes Tobias Günttert, den Hebel in Lörrach kennenlernte; Günttert übernahm später die Pfarrstelle in Weil am Rhein an der Grenze zur Schweiz, im dortigen Pfarrhaus hatte auch Gustave, die – wie Hebel – unverheiratet blieb, ihren Platz. Seit Hebels Übersiedlung nach Karlsruhe führten beide einen vertrauten Briefwechsel, von dem nur die Briefe Hebels erhalten sind: humorvolle, bisweilen heitere, jedenfalls stilistisch ausgefeilte Schreiben, in denen Hebel, was ihre Beziehung angeht, unverbindlich bleibt und sich als Meister der Entschuldigung für verspätete Briefe und nicht eingehaltene Pläne zeigt.

Hebels Erzählung »Unverhofftes Wiedersehen«, die von der »Witwe von Falun« handelt, galt Ernst Bloch als »die schönste Geschichte der Welt«. Sie noch einmal zu erzählen, ist daher keine Verbesserung, aber eine Verbeugung. Lese ich diese vorletzte Kurzgeschichte im *Schatzkästlein,* frage ich mich immer wieder, warum sich die – bei Hebel namenlose – Witwe nach Abschied und Trauerzeit nicht mit einem anderen Mann verlobte und ihn schließlich heiratete; ihr nicht einmal gesellschaftlich geordnetes Witwendasein – sie war ja nicht verheiratet – war in der damaligen Zeit eher ungewöhnlich. Das sieht auch ihr stiller Freund Olof, den ich der Geschichte beigesellt habe, so.

Eine zugewandte, das Gespräch suchende und mit einem Landsmann solidarische »Ärztin aus Brasilien« habe ich tatsächlich kennenlernt, während einer persönlichen gesundheitlichen Krise. Die Handlung der Erzählung ist an eigene Erfahrungen nur angelehnt; trostreiche Entdeckungen bei der Lektüre Hebels klingen an. Kein Zufall ist es, dass die Ärztin Sophia heißt – nach Sophie Haufe (1786–1864), der Freundin auf Augenhöhe Hebels. Dem Ehepaar Sophie und Gottfried Haufe, ehemaliger Hebel-Schüler und Goldschmied in Straßburg, und ihren Kindern war Hebel zeitlebens verbunden; in Straßburg verbrachte er gerne seine Urlaubstage. In den Jahren 1849 und 1860 kam es zu einer beachtlichen Auswanderungswelle aus dem Großherzogtum Baden nach Brasilien.

Eben jener Sophie Haufe gesteht Johann Peter Hebel in einem Brief vom November 1808 seine »Vernarrtheit« in die Schauspielerin Henriette Hendel (später: Henriette Hendel-Schütz, 1772–1849), eine der bekanntesten Schauspielerinnen ihrer Zeit, die ab und an am Karlsruher Hoftheater gastierte. Verbürgt sind: ihre Rezitation der *Alemannischen*

Gedichte, die mehrfachen Begegnungen Hebels mit Henriette Hendel, der Beinahe-Fenstersturz im Theater (Brief an Friedrich Wilhelm Hitzig vom 27. Oktober 1809). Hebel und Hendel verband eine jahrelange Brieffreundschaft, in das *Schatzkästlein* führte er sie als die literarische Figur der »Schwiegermutter des Adjunkten« ein. Der »Adjunkt« selbst ist Christoph Friedrich Karl von Kölle (1781–1848), württembergischer Gesandtschaftssekretär am großherzoglich-badischen Hof und enger Freund Hebels, des »Hausfreundes« (Brief an Markus Fidelis Jäck vom Juni 1811).

In »Die glückliche Frau« – der literarischen Form nach eher ein Gedicht oder Gebet denn eine Erzählung – betreibt der Autor ein wenig Seelenhygiene und hält der nach wie vor existierenden, biederen Hebel-Nostalgie und -Gefühls-duselei einen Spiegel vor. Es sei ihm verstattet.

Und den geneigten Leserinnen und Lesern – ob Hebel-Kennerinnen und -Kenner oder einfach neugierig auf das Menschlich-Allzumenschliche – sei bei der Lektüre *ne freudig Stündli* gewünscht, denn: *Isch's nit e Fündli?*

Beim Schreiben der Erzählungen waren – neben Monographien und Aufsätzen zu Johann Peter Hebels Leben und einzelnen Episoden daraus, zu Personen seines Umfeldes sowie zu den Orten seines Wirkens – besonders hilfreich:

Heide Helwig: *Johann Peter Hebel. Biographie*, München 2010.
Franz Littmann: *Ein Stadtspaziergang durch Karlsruhe mit Hebel und Weinbrenner*, Neulingen 2018.
Wilfried Setzler: *Mit Johann Peter Hebel von Ort zu Ort. Lebensstationen des Dichters in Baden-Württemberg*, Tübingen 2010.

Bernhard Viel: *Johann Peter Hebel oder: Das Glück der Vergäng-lichkeit. Eine Biographie*, München 2010.

Die Zitate aus Gedichten und Briefen Johann Peter Hebels sind entnommen aus der sehr verdienstvollen Sammlung:
Johann Peter Hebel: *Gesammelte Werke*. Kommentierte Lese- und Studienausgabe in sechs Bänden, hg. v. Jan Knopf, Franz Littmann und Hansgeorg Schmidt-Bergmann un-ter Mitarbeit von Esther Stern im Auftrag der Literari-schen Gesellschaft Karlsruhe, Bände 1–6, Göttingen 2019.

Danksagung

Autor und Verlag danken herzlich für die Förderung der Drucklegung des Buches:

der Basler Hebelstiftung, der Evangelischen Landeskirche in Baden, einem persönlicher Freund, dem Förderkreis der Schriftsteller:innen in Baden-Württemberg, dem Religionspädagogischen Institut der Evangelischen Landeskirche in Baden, der Sparkasse Baden-Baden, der Stadt Baden-Baden.

Basler Hebelstiftung

Dem Freund und Schwager Michael Gollnau dankt der Autor für die konstruktiv-kritische Lektüre des Manuskripts, Julia Aparicio Vogl vom Kröner Verlag für das detailgenaue, sorgsame Lektorat.